Allitera Verlag

Beiträge zur Geschichtswissenschaft
Herausgegeben von Ernst Piper

Ernst Piper

Savonarola
Prophet der Diktatur Gottes

Allitera Verlag

Weitere Informationen über den Verlag und sein Programm unter:
www.allitera.de

Bibliografische Information der Deutschen Nationalbibliothek
Die Deutsche Nationalbibliothek verzeichnet diese Publikation in der Deutschen Nationalbibliografie; detaillierte bibliografische Daten sind im Internet über http://dnb.d-nb.de abrufbar.

2. Auflage
April 2015
Allitera Verlag
Ein Verlag der Buch&media GmbH, München
© für diese Ausgabe: 2009 Buch&media GmbH, München
Umschlaggestaltung: Kay Fretwurst, Freienbrink
Herstellung: Books on Demand GmbH, Norderstedt
Printed in Germany · ISBN 978-3-86520-327-4

Inhalt

Einleitung	7
Ferrara	12
Dominikaner	17
Das Florenz der Medici	25
Lorenzo der Prächtige	39
Verfassungsreform	53
Diktatur Gottes	71
Kinderpolizei	87
Savonarola – ein bürgerlicher Führer	95
Konflikt mit dem Papst	100
Der Traktat über die Regierung der Stadt Florenz	107
Das Ende	112
Nach dem Ende	127
In Florenz	127
In der Kirche	130
In der italienischen Politik	134
In der Literatur	136
Zeittafel	140
Bibliografie	144
Anmerkungen	148

*Für Bettina,
in Erinnerung an viele schöne Italienreisen*

Einleitung

Wer das Wort Renaissance hört, denkt an Italien, an die Bauten von Brunelleschi und Bramante, aber auch an die Villen des Palladio, an Kondottieri, an farbenprächtige Gewänder, an rauschende Feste und gewaltige Schauspiele und – nicht zuletzt – an die Entfaltung von Literatur und Wissenschaft.

Doch das Bild, das sich in Florenz am Ende des 15. Jahrhunderts bot, war ganz anders: »Das Aussehen der leichtlebigen Stadt schien wie umgewandelt. Die Frauen legten ihren reichen Schmuck ab, kleideten sich einfach und gingen züchtig einher. Die ausschweifenden jungen Männer waren mit einemmal bescheiden und religiös geworden. Todfeinde umarmten sich, Bankiers und Kaufleute erstatteten freiwillig unrechtmäßiges Gut zurück. Feste und Spiele wurden eingestellt. Die unsittlichen Karnevalslieder machten geistlichen Gesängen Platz.«[1] Für einige Zeit fielen die Florentiner einem religiösen Rausch anheim, der weite Teile der Bevölkerung ergriff. Ausgelöst hatte ihn Girolamo Savonarola, ein Dominikanermönch aus Ferrara, »ein in seinem ehrlichen Fanatismus gewaltiger und hinreißender Reaktionär des konsequenten Mittelalters«[2]. Aber war Savonarola nur das, redete er nur der Weltverneinung das Wort?

Es ist sehr viel plausibler, Savonarola in seiner Ambivalenz wahrzunehmen. Er war eine Figur des Übergangs. In seiner Person vereinigten sich der weltabgewandt-asketische und der bürgerlich-rechenhafte Widerspruch gegen die Verschwendungssucht der Renaissancefürsten, aber auch gegen die Verweltlichung der Kirchen. Savonarola gehörte zu denen, die sich um die *renovatio christianismi* bemühten, eine Rückbesinnung auf die Ideale des frühen Christentums, verbunden mit einer Laienfrömmigkeit, die gleichermaßen vom reformerischen Humanismus wie der Bibel inspiriert war. Doch auch die Bettelorden, die angetreten waren, das christliche Armutsideal zu erneuern, gerieten bald in die Untiefen allzu menschlichen Strebens. Die beiden großen Orden der Dominikaner und der Franziskaner standen nicht nur in einer erbitterten Konkurrenz untereinander, sie konkurrierten auch mit der übrigen Geistlichkeit.

Entscheidend gestützt wurde die Position der Franziskaner durch Papst Sixtus IV. (1471–1484), der zugleich neben dem späteren Alexander VI. der extremste Vertreter eines alle Grenzen überschreitenden

Nepotismus war. Sixtus IV. verlieh den Franziskanern nicht nur das Recht, die priesterlichen Funktionen überall wahrzunehmen. Durch die Bulle *Dum fructus uberes* erhielten sie außerdem die Erlaubnis, testamentarische Vermächtnisse anzunehmen, und die waren nicht selten. Die Franziskaner verstanden es, in ihren Predigten die Schrecken des Fegefeuers bildkräftig zu schildern und viele Gläubige hofften, durch entsprechende Zahlungen ihre zu Lebzeiten begangenen Sünden zu tilgen. Der zunehmende Reichtum des Ordens führte zu einem erbitterten Streit unter den Franziskanern über den weiteren Umgang mit dem Prinzip der Besitzlosigkeit.

Auch die Dominikaner, zu denen Savonarola gehörte, vermochten in dieser Zeit ihre Stellung zu festigen. Sixtus IV. sanktionierte die spanische Inquisition, die Ferdinand II. und Isabella I. für die Königreiche Kastilien und Aragon etabliert hatten, vor allem um Juden und Mauren zu überführen, die zum Christentum konvertiert waren, insgeheim aber – tatsächlich oder angeblich – weiterhin ihrer alten Religion anhingen. Sixtus IV. stand diesem Vorgehen zunächst distanziert gegenüber, doch als die Spanier in Neapel Fuß fassten, sah er es als angezeigt an, sich mit ihnen zu arrangieren. Er beauftragte die Dominikaner mit der Durchführung der Inquisition und ernannte 1483 Tomás de Torquemada zum Generalinquisitor. Torquemada (1420–1498), der als Prior dem Dominikanerkloster von Santa Cruz (Segovia) vorstand, war selbst ein Jude, der sich hatte taufen lassen. Wie so viele Konvertiten wütete er unter seinen ehemaligen Glaubensbrüdern besonders brutal und unerbittlich.

Das spanische Christentum orientierte sich im 15. Jahrhundert zunehmend nach Europa. Der Einfluss der Devotio moderna machte sich bemerkbar, einer vom Humanismus inspirierte christlichen Bewegung, die zunächst vor allem in Flandern auftrat. Aber auch das Wirken Savonarolas in Florenz fand in Spanien ein beachtliches Echo.[3]

Girolamo Savonarola gehörte wie Bernardino von Siena und die Humanisten, in Florenz insbesondere Marsilio Ficino, zu den Repräsentanten der *renovatio christianismi*, zu einer geistigen Bewegung, die der eigentlichen Reformation vorausging.[4] Ihr Weltbild war klerikal geprägt, hob auf die Bedeutung des Übernatürlichen ab, die Vita contemplativa und setzte den Glauben vor die Vernunft.[5] Zugleich aber war Savonarola auch das, was wir heute einen Mittelstandspolitiker nennen würden.

Das mittelalterliche Europa durchlebte im 14. Jahrhundert eine schwere wirtschaftliche Krise. Am Ende des Jahrhunderts lebten nur noch 45 Millionen Menschen in Europa, während es zu Beginn noch etwa 71 Millionen gewesen waren.[6] Mit dieser demografischen Krise ging ein Verfall der Agrarpreise einher, aber auch ein Prozess der sozialen Ausdifferenzierung der Landbevölkerung. Vielerorts bestand sie nur noch zum Teil aus Bauern. Daneben gab es eine breite Schicht von Knechten, Taglöhnern und Lohnarbeitern, also Menschen, die ihre Existenz jenseits des alten Systems feudaler Abhängigkeiten fristeten. Handel und Handwerk gewannen immer mehr an Bedeutung, sodass viele Menschen in die Städte strömten, um sich dort zu verdingen. In den italienischen Stadtstaaten spielte die von den Beutezügen der Kreuzfahrer ausgehende Kapitalakkumulation für die Entwicklung des Handels eine ganz entscheidende Rolle.[7] In den Städten hatte das Bürgertum als neue, vom Grundbesitz unabhängige Klasse seinen historischen Ort. Durch Hungersnöte und Pestepidemien sank im 14. Jahrhundert die Zahl der Arbeitskräfte auf dem Lande, die Löhne stiegen, die Pachterträge sanken. Die Landbevölkerung, die den ersten Peststurm überlebt hatte, flüchtete der besseren Versorgungslage wegen in die Städte, was den landwirtschaftlichen Produktionsverfall weiter beschleunigte.

1358 erhob sich gleichzeitig mit dem Bauernaufstand der Jacquerie das Pariser Bürgertum unter Etienne Marcel und verlangte nach Kontrolle der königlichen Verwaltung. 1378 brachten die Florentiner Wollarbeiter für kurze Zeit die Regierung der Stadt in ihre Hände. 1381 zogen die südenglischen Bauern unter der Führung Wat Tylers nach London und stürmten den Tower. Ein Jahr später gelang es den Genter Zünften und ihrem Gemeindehauptmann Philipp van Artevelde, das Heer ihres Landesherrn Philipp von Burgund zu schlagen.[8] Die Erschütterung der sozialen Ordnung erfasste alle Schichten. Ritter, Bauern und die Bevölkerung der Städte erhoben sich. Zum einen waren es letzte feudale Prestige- und Machtkämpfe, wie der Aufstand der deutschen Reichsritterschaft Anfang des 16. Jahrhunderts. Zum andern begann das städtische Proletariat Gestalt anzunehmen.

Die Päpste residierten von 1309 bis 1376 in Avignon und entwickelten Hofhaltung und Finanzwesen in einer Weise, die in der Folgezeit Vorbild für geistliche und weltliche Herrscher wurde. In Rom führte der Notar Cola di Rienzo (1313–1354) das Volk zu einem großen Aufstand und wurde schließlich selbst dessen Opfer. 1315 brachten unberittene Schweizer Gebirgsbauern einem geübten habsburgischen Ritterheer eine vernichtende Niederlage bei; dies war die Geburtsstunde der Eidgenossenschaft. Seit 1367 führte die Augsburger Weberzunft einen Meister Fugger in ihren Listen. Das Bürgertum war das historische Subjekt der kapitalistischen Evolution. Leute wie Cola di Rienzo und Salvestro de' Medici waren seine ersten Sprecher, ohne sich dessen bewusst zu sein. Rienzo[9] stellte sich an die Spitze des römischen Bürgertums und vertrieb die vom abwesenden Papst bestätigten Adelssenatoren aus der Stadt. Salvestro[10] kämpfte im Interesse des florentinischen Handels- und Wucherkapitals auf Seiten der Wollarbeiter gegen die klerikale Reaktion.

Das Mittelalter war geprägt gewesen von einer alles umgreifenden Ideologie, dem Christentum. Mit der Entdeckung des Individuums war diese scheinbar natürliche Ordnung zerbrochen. Herrschaft war nicht mehr gottgewollt (wenn dies auch noch lange behauptet wurde), ihre Grundlage war der subjektive Wille des Herrschers, so wie der Wille zum Risiko die Grundlage zum kaufmännischen Erfolg war: »Der Schein eines einheitlichen Gesellschaftszwecks ist weggefallen, jede politische Kraft setzt ihre eigenen Zwecke.«[11]

Lorenzo, ein später Nachfahre des schon zitierten Salvestro de' Medici, ist wohl der bekannteste Spross dieser florentinischen Patrizierfamilie; er führte den sinnfälligen Beinamen »der Prächtige« *(il Magnifico)*. Bereits sein Großvater Cosimo hatte Florenz, noch ganz im Rahmen der Stadtverfassung, seiner Familie untertan gemacht. Lorenzo de' Medici beherrschte die Stadt wie ein ungekrönter König, war gleichzeitig Herr des damals größten Bankhauses der Welt, beschäftigte Tausende von Arbeitern in seinen Manufakturen, förderte die Wissenschaft, war Auftraggeber von Leonardo da Vinci, Michelangelo und Botticelli, veranstaltete gewaltige Karnevalsumzüge und fand noch Zeit, Gedichte zu verfassen. Dieser Mann stutzte die Verfassung der Stadt wie keiner vor ihm auf die Bedürfnisse der Seinen zurecht; er war ein Repräsentant des Despotismus der Renaissance, der beispielhaft in Cesare Borgia und dessen Vater, Papst Alexander VI., verkörpert ist.

Wie in der Sphäre der Herrschaft, so zerbrach auch im Bereich der Ästhetik der Schein der Unvergänglichkeit. An die Stelle in Jahrhunderten erbauter gotischer Kathedralen traten individuelle künstlerische Leistungen, an die Stelle von Madonnenbildern traten Porträts wohlhabender Bürger. 1418 wurde in Florenz ein Wettbewerb für die noch fehlende Kuppel des neuen Doms ausgeschrieben. Der Gewinner war Filippo Brunelleschi (1377–1446), Sohn eines Florentiner Notars und Begründer der Renaissancearchitektur. Er schuf eine Konstruktion, die bis dahin ungeahnte Weiten überspannte und bis heute optisch die Stadt dominiert. Der Bau der Kuppel dauerte nur elf Jahre. Anschließend wurde ein neuer Wettbewerb ausgeschrieben für den Kuppelaufsatz, die sogenannte Laterne, den wieder Brunelleschi gewann.

Eine bis dahin unvorstellbare Macht- und Prachtentfaltung steckte die Menschen in bunte Gewänder, intensivierte aber auch ihre Ausbeutung. An die Stelle des Knechtes, dessen Großvater bereits Knecht beim Großvater seines Herrn gewesen war, trat der Lohnarbeiter, der darauf angewiesen war, seine Arbeitskraft ständig wechselnden Herren anzudienen. Das System der Lohnarbeit ließ die Produktivität gewaltig wachsen und rationalisierte die Ausbeutung. Arbeitskraft wurde nur dann gekauft, wenn sie gebraucht wurde. Jeder war auf sich selbst gestellt; es begann die Zeit, wo jeder »seines Glückes Schmied« war. Das Aufbrechen der personalen Herrschaftsverhältnisse in Verbindung mit wachsender wirtschaftlicher Prosperität vergrößerte die sozialen Unterschiede fast bis ins Unendliche. Das städtische Bürgertum investierte seine Profite in Landbesitz. Dies und die Aufhebung der Leibeigenschaft (in Florenz 1289) führten zur Bildung einer neuen, zahlenmäßig bedeutenden Klasse von besitzlosen Lohnarbeitern auf dem Lande, denen Großbauern bzw. Pächter gegenüberstanden. Am frühesten und am gründlichsten ging dieser Prozess in Ober-und Mittelitalien vor sich. Hier hatte der feudale Landadel niemals raumbildende Kraft gewonnen. Nicht Fürstentümer und Grafschaften beherrschten das Bild, sondern Stadtstaaten wie Mailand, Venedig oder Florenz.

Die Wissenschaft emanzipierte sich in jener Zeit von der Religion und stellte sich in den Dienst der Entwicklung der Produktivkräfte. Leonardo da Vinci, unehelicher Sohn eines Florentiner Notars und einer Magd, trat nach seiner Ausbildung in die Dienste des Herzogs von Mailand, Lodovico Sforza. Nach dessen Sturz kehrte er 1499 nach Florenz zurück und wurde später Festungsbauinspizient von Cesare Borgia. Leonardo machte Studien zu den Grundgesetzen der Hydrostatik und -dynamik, der Optik und Aerodynamik. Besonders aber widmete er sich der modernen Mechanik und den Beziehungen zwischen menschlicher und maschineller Arbeit. Leonardo wies auf die ökonomische Notwendigkeit hin, den menschlichen Arbeitsprozess in mechanische Abläufe zu zerlegen. Er verglich die Arbeitsleistungen von Maschine und Mensch und stellte fest: »Die ganze Welt, auch die belebte, steht unter den Gesetzen der Mechanik; die Erde ist eine Maschine, und der Mensch ist es auch.«[12]

Ferrara

Die Stadt Ferrara liegt gut 100 Kilometer nördlich von Florenz, an einem der Arme des Po. Im 12. Jahrhundert erwarb sie sich, wie viele italienische Städte, kommunale Autonomie und schloss sich dem lombardischen Städtebund an, der unter der Führung von Mailand stand. Gleichzeitig erhielt die Kirche ihre alten Ansprüche aufrecht. Der Papst belehnte im 13. Jahrhundert die Markgrafen von Este mit der Stadt. Die Markgrafen, eines der ältesten Fürstenhäuser Italiens, erwarben im Laufe der Zeit ein Gebiet, das von Ravenna fast bis nach Pisa reichte. Dieser Herrschaftsbereich lag wie ein Gürtel zwischen den Republiken Mailand und Venedig im Norden und dem Kirchenstaat und der florentinischen Republik im Süden. Mit Ausnahme des Königreichs Neapel hatten die Markgrafen von Este so eine gemeinsame Grenze mit allen italienischen Großmächten, was geschicktes diplomatisches Lavieren erforderte. Unter ihrer Herrschaft begann für Ferrara und seinen Hof ein »goldenes Zeitalter«, 1471 wurde Markgraf Borso von Papst Paul II. zum erblichen Herzog erhoben. Ende des 15. Jahrhunderts nannten manche Ferrara sogar die erste moderne Stadt in Europa. 1391 war eine Universität gegründet worden. Im Jahre 1440 berief Niccolò d'Este, der Vater von Borso, Michele Savonarola auf den Lehrstuhl für Medizin. Savonarola, ca. 1385 geboren, stammte aus Padua, wo er als Arzt und medizinischer Schriftsteller gewirkt hatte. Mit Frau und acht Kindern übersiedelte er nun nach Ferrara und erwarb 1443 das dortige Bürgerrecht. Savonarolas bedeutendste Schrift war die »Practica major«, eine Enzyklopädie des damaligen medizinischen Wissens. Der Verfasser machte darin hygienische Vorschriften, gab Hinweise zu einer vernünftigen Ernährung, verbunden mit Kochrezepten, und beschäftigte sich mit »sämtlichen möglichen Krankheiten vom Kopf bis zu den Füßen«[13]. Neben anderen medizinischen Abhandlungen verfasste Savonarola auch zwei Bücher über die Beichte und moralische Schriften. Im Alter lebte er ziemlich zurückgezogen, ließ sich von seinen Verpflichtungen zunehmend entbinden und verfasste erbauliche Schriften. Er wurde über 80 Jahre alt. Als er 1468 starb, war sein Enkel Girolamo schon 16 Jahre alt.

Michele Savonarola gehörte zum Kreis der Humanisten am Hof von Ferrara. Die Humanisten, allen voran Savonarola, wussten sich den griechischen und lateinischen Klassikern verpflichtet und verwarfen die französischen Ritterromane, die damals außerordentlich beliebt waren, wegen ihrer Unmoral. Savonarola empfahl in einem seiner Bücher über die Beichte, solchen Leuten keine Absolution zu erteilen, »die sich vergnügen mit dem Hören und Lesen überflüssiger Liebesgeschichten, zuviel Zeit für Musik und weltlichen Gesang verschwenden und an den Feiertagen, anstatt zur Vesper zu gehen, den Straßensängern lauschen«[14]. Er vertrat, anders als viele Humanisten, ein ausgesprochen asketisches Weltbild. Da er einen bestimmenden Einfluss auf die Erziehung des Enkels hatte, dürfen wir davon ausgehen, dass er dem jungen Girolamo die eigene Verachtung für das jenseitsvergessene irdische Treiben im Allgemeinen und den Sittenverfall in den Klöstern und bei Hofe im Besonderen mit auf den Weg gegeben hat. Auch Girolamo Savonarolas große Verehrung für Thomas von Aquin geht wohl auf den Großvater zurück.

Micheles Sohn Niccolò Savonarola war Kaufmann und Bankier von Beruf. Er wurde mit Helena de' Bonacossi, Patriziertochter aus Mantua, verheiratet, mit der er zwei Töchter und fünf Söhne hatte. Als dritter Sohn wurde 1452 Girolamo geboren. Er und seine sechs Geschwister genossen eine »streng christliche Erziehung, welche beinahe klösterliches Gepräge trug«[15]. Niccolò setzte große Hoffnungen in seinen Sohn Girolamo und schickte ihn auf die besten Schulen; Arzt sollte er werden, wie der Großvater. Nach Abschluss des Studiums der freien Künste studierte er Medizin. Daneben lernte Girolamo das Lautenspiel und beschäftigte sich mit italienischer Literatur. Er führte das Leben eines Studenten aus gutem Hause und hatte noch keine Vorstellung von dem, was auf ihn zukommen sollte:»Der Gedanke, die Welt zu verlassen und sich dem Ordensleben zu widmen, lag ihm damals noch fern; ja er beschwor dies förmlich und versicherte tausendmal, niemals wolle er Mönch werden.«[16] Aus dieser Zeit ist uns eine Episode überliefert, die für die weitere Entwicklung Savonarolas mindestens von symbolhafter Bedeutung ist. Das Haus der Familie Savonarola grenzte an das der Strozzi. Die Strozzi hatten in Florenz neben den Albizzi zu den erbittertsten Gegnern der Medici gehört. Nach deren Sieg mussten sie 1434 in die Verbannung gehen. Der berühmte Mäzen Palla Strozzi, dessen Sohn später nach Florenz zurückkehren durfte, ließ sich in Padua nieder; andere Mitglieder der Familie gingen nach Ferrara. Zu ihnen gehörte auch Roberto Strozzi, in dessen Tochter Laudomia sich Girolamo verliebte. Nach langem Zögern nahm er all seinen Mut zusammen und machte ihr einen Heiratsantrag. Laudomia hatte das Liebeswerben des eher unbeholfenen jungen Mannes, der nicht gerade durch äußere

Vorzüge gesegnet war, womöglich ganz possierlich gefunden. Aber sie war trotz unehelicher Abkunft Aristokratin genug, auf den Antrag mit Verachtung zu reagieren. Sie soll geantwortet haben:»Wie, du bildest dir ein, das vornehme Blut und Geschlecht Strozzi lasse sich zu einer Verbindung mit dem Hause Savonarola herab?«[17] Dieses Erlebnis muss Savonarola nachhaltig verstört haben. 1494, als er längst ein angesehener Mann und arrivierter Prediger war, behauptete er, niemals eine Frau begehrt zu haben.[18] Wollte der Tugendprediger sich nur seinem Publikum als leuchtendes Vorbild keuschen Lebenswandels präsentieren oder war diese Behauptung das Resultat einer konsequenten Verdrängung der erlittenen Schmach?

Nachdem er im Reich der irdischen Begierde keinen Erfolg hatte, fühlte er sich umso mehr zum himmlischen Jenseits hingezogen. Mehr als um die »leibliche Hülle der Nebenmenschen«[19] sorgte er sich nun um das Heil der Seele. Das Seelenheil wurde zur Richtschnur seines Handelns und seines reformatorischen Strebens, im Theologischen wie im Politischen. Er stand dabei in einer christlichen Tradition, die – wie wir das von vielen missionierenden Religionen kennen – davon ausging, man müsse den Menschen notfalls zu seinem Glück zwingen. Es galt als legitim, den sündigen Leib zu opfern, z.B. zu verbrennen, wenn dadurch die Seele gerettet wurde. Unzählige Irrgläubige, Ketzer, Hexen, vom Teufel Besessene und andere vom Pfad der Tugend Abgekommene wurden Opfer dieser religiösen Ideologie. Savonarola vertrat sie mit der ihm eigenen Radikalität und verband sie mit einem nicht minder radikalen Armutsideal, das zur damaligen Praxis kirchlichen Lebens in einem eklatanten Kontrast stand.

Kurz nach seinem vergeblichen Liebeswerben hatte er einen Traum, der ihn nach seinen eigenen Worten dazu bestimmte, das Medizinstudium aufzugeben und sein Heil im Kloster zu suchen:»Während er schlief, fühlte er einen eiskalten Wasserfall auf seinem Kopf. Das weckte ihn sofort auf, und er erwachte von seinem Traum, d. h. er begann ein neues Leben. So kam Gott ihm zu Hilfe, und auf diese Weise entschied er sich, ein Seelenarzt und nicht ein Arzt für den Körper zu werden. Es war das Wasser der Reue gewesen und mit ihm war jede fleischliche Hitze erloschen, während seine Kälte jede weltliche Begierde in ihm bezwungen hatte.«[20] Vom »Wasser der Reue« sprechen, wie es der christliche Biograph des 16. Jahrhunderts tut, kann nur, wer im Weltlichen nicht die eigentliche Bestimmung des Menschen sieht und daher bereit ist, seine irdischen Triebe mit dem kalten Wasserstrahl zu bekämpfen.

Aus dieser Zeit stammen Savonarolas erste Schriften »Vom Verderben der Welt« und »Vom Verderben der Kirche«. Bei der ersten dieser beiden Kanzonen hatte er vor allem die Verhältnisse am Hof von Ferrara vor Augen. Das höfische Leben unter Ercole d'Este (1471–1505), dem zweiten Herzog von Ferrara und Modena, widersprach völlig Savonarolas Vorstellungen von christlicher Moral und Sittlichkeit. Savonarolas Kritik hatte natürlich keine praktischen Auswirkungen, trübte aber auch nicht sein Verhältnis zum Herzog. Der war, wie alle, an einem guten Verhältnis zu den Leuten der Kirche interessiert, gleichsam als Versicherung für das Leben nach dem Tode, von dem ja keiner wissen konnte, ob es so etwas nicht vielleicht doch gab. Jeder kümmerte sich eben auf seine Weise um das Seelenheil. Die Reichen, die ihren Geschäften zu obliegen hatten, ließen andere für sich beten, Jakob Fugger z. B. die Bewohner der von ihm gestifteten Fuggerei.

Alfonso, der Sohn von Ercole d'Este, heiratete 1501 Lucrezia Borgia, die Tochter von Papst Alexander VI. Obwohl Lucrezia Borgia damals erst Anfang 20 war, war es bereits ihre dritte Ehe. Zuvor war sie mit einem päpstlichen Vikar und einem Sohn des Königs von Neapel verheiratet gewesen; letzterer wurde von ihrem Bruder Cesare ermordet. Lucrezia Borgia führte ein selbst für damalige Verhältnisse ungewöhnlich ausschweifendes Leben, unter anderem soll sie mit ihrem Vater und ihrem Bruder ein Verhältnis gehabt haben. Sie gebot aber nicht nur über äußere Vorzüge, sie war auch gebildet und kunstsinnig und zog namhafte Gelehrte und Schriftsteller an den Hof von Ferrara, unter anderem den Dichter Ariost (1474–1533), der bis zu seinem Lebensende in Ferrara blieb.

Das zweite Gedicht Savonarolas, geschrieben 1475, war an die Kirche adressiert. Er schrieb es unmittelbar vor dem Eintritt ins Kloster. Es ist getragen von der Überzeugung, dass die Kirche sich dem allgemeinen moralischen Niedergang nicht habe entziehen können:

»Du keusche Maid, wohl darf ich es nicht wagen,
Doch stimm ich ein in deine bittern Klagen.
Wie bist du doch so fern den selgen Zeiten,
Da sich die Märtyrer dem Tode weihten!
Der Heil'gen Kirche schwand in Himmelsferne
Und harret unser in dem Reich der Sterne.«[21]

Abb. 1: Bartolommeo Veneto, Bildnis einer Kurtisane, Anfang 16. Jh.
Das Porträt zeigt möglicherweise Lukrezia Borgia.

Dominikaner

Savonarola wollte den Zustand der Kirche nicht nur beklagen, sondern auch aktiv an einer Wende von der *ruina* zur *renovatio* mitwirken. Insofern war es nur konsequent, dass er in ein Kloster eintrat. Auf das Verständnis seiner Eltern durfte er dabei nicht rechnen, denn der Eintritt ins Kloster entzog den geliebten Sohn nicht nur ihrer Nähe, er setzte auch allen Hoffnungen auf eine weltliche Karriere ein Ende. Savonarola verließ deshalb sein Elternhaus in aller Heimlichkeit, ohne seine Eltern in seine Pläne einzuweihen[22]. Und er entschied sich dafür, in eine andere Stadt zu gehen, nach Bologna. Dort schloss er sich dem Orden der Dominikaner an. Seinen Taufnamen behielt er auch als Mönch bei, sodass er jetzt Fra Girolamo hieß, zu deutsch Bruder Hieronymus.

Die Dominikaner waren neben den Franziskanern der wichtigste Bettelorden. Beide waren zu Beginn des 13. Jahrhunderts gegründet worden und konkurrierten miteinander um die theologischen Lehrstühle an den Universitäten. Bettelorden zeichneten sich dadurch aus, dass ihren Mitgliedern jedes persönliche Eigentum verboten war. Sie suchten das Evangelium durch die Askese zu verwirklichen. Ebenso wie die Ketzerbewegungen formulierten auch die Bettelorden ihr Armutsgelübde in bewusster Kritik an der herrschenden Praxis der Amtskirche. Dieses Drängen nach einer Erneuerung des evangelischen Armutsideals zielte auf eine Entweltlichung und Spiritualisierung des Christentums. Nach dem Zusammenbruch des römischen Reichs war die christliche Kirche substitutiv in den Bereich staatlicher Herrschaft eingetreten. Dahin war es mit den Idealen der frühen Christen, die sich heimlich in irgendwelchen Katakomben getroffen hatten. Nun gab es bestallte Priester, Bischöfe und Kardinäle, und in Rom begann sich so etwas wie eine zentrale Administration auszubilden. Als das römische Kolonialreich sich unter dem Ansturm der indigenen Völker auflöste, zerfiel mit ihm auch seine staatliche Ordnung und Verwaltung. Die Kirche blieb als einzige raumstrukturierende Kraft. In der Folge fielen ihr nun auch Aufgaben zu, die vordem der Staat, der jetzt nicht mehr bestand und an dessen Stelle die neuen Herren nichts zu setzen hatten, wahrgenommen hatte. Der Bischof wurde vielfach zugleich Stadtherr. Da es damals noch kein verpflichtendes Zölibat gab, waren Kleriker häufig auch offiziell verheiratet und viele

Bischofssitze wurden als mehr oder weniger erblich behandelt. Gegen diese Zustände trat in Italien im 11. Jahrhundert eine Reformpartei auf, die *Pataria*. Sie kämpfte gegen die Despotie und den Reichtum des hohen Klerus und gegen die Simonie, den Ämterkauf. Zum Teil verband sich auch das Papsttum mit der *Pataria*, um auf diese Weise der zu großen Eigenmächtigkeit mancher Kirchenfürsten entgegenzutreten, aber auch, weil der deutsche König ein gemeinsamer Gegner war. Im Kampf gegen Ämterkauf, Priesterehe usw. erzielte die *Pataria* Erfolge, langfristig wurde sie aber nicht wirksam. Das zweite Laterankonzil sprach 1139 ein eindeutiges Eheverbot für Priester aus, wie es bis heute in der katholischen Kirche gilt. Tatsächlich dauerte es aber mehrere Jahrhunderte, dieses Keuschheitsgebot auch generell durchzusetzen. In der Renaissance erreichte der kirchliche Nepotismus sein größtes Ausmaß.

Der Dominikanerorden gewann schon bald nach seiner Gründung große Bedeutung. 1231/32 wurde ihm vom Papst das bisher den Bischöfen vorbehaltene Geschäft der Inquisition übertragen. Mit Hilfe der Inquisitionen (wörtlich: Befragungen) fahndete die Kirche nach Ketzern. Als Beginn der Inquisition kann man die Bulle *Ad abolendam* (Zur Vernichtung) aus dem Jahre 1184 betrachten, die sich vor allem gegen die südfranzösischen Albigenser richtete. Einen entscheidenden Schritt vorwärts tat dann das vierte Laterankonzil 1215, das die Kirchenreform zum Abschluss brachte. Das Ergebnis war die Durchformung der katholischen Kirche zu einer einheitlichen, streng hierarchischen Organisation. Die Klöster unterstanden nun dem jeweiligen Diözesanbischof. Die Einehe wurde den Laien verbindlich vorgeschrieben und jeder Gläubige wurde verpflichtet, einmal im Jahr zu beichten. Das Ziel war eine »allgemeine Praxis der Gewissenserforschung«[23], denn die Kontrolle der Gewissen war eine Grundvoraussetzung für eine erfolgreiche Inquisition. Das vierte Laterankonzil verpflichtete deshalb alle Gläubigen, jeden der Ketzerei Verdächtigen anzuzeigen. Gleichwohl dauerte es noch eine Weile, bis das Geschäft der Gewissenserforschung richtig in Schwung kam. Erst 1252 wurde durch die Bulle *Ad extirpenda* (Zur Ausrottung) die Folter eingeführt. Den Inquisitoren wurden für ihre Tätigkeit Bücher an die Hand gegeben. Das umfassendste und bekannteste schrieb 1321 der Dominikaner Bernhard Gui, Inquisitor von Toulouse.

Die Dominikaner entwickelten von allen Orden den größten Eifer bei der Verfolgung von Ketzern. Seit dieser Zeit stellten sie auch den päpstlichen Hoftheologen, was eine große Auszeichnung war. Das

Objekt der italienischen Inquisition waren vor allem die Waldenser. Diese ursprünglich französische Ketzerbewegung hatte sich schon im 12. Jahrhundert nach Italien ausgebreitet. Hier wurden die Ketzer auch *pauperes italici* genannt, italienische Arme. Die Armutsbewegung der Waldenser hatte ungeheuren Zulauf und dehnte sich bald von der Westschweiz bis nach Polen aus. 1477 sah sich Papst Sixtus IV. sogar veranlasst, zum Kreuzzug gegen die Waldenser zu predigen. Bis ins 19. Jahrhundert waren sie immer wieder Verfolgungen ausgesetzt; Tausende wurden von französischen und italienischen Heeren niedergemacht. Erst im Revolutionsjahr 1848 erhielten sie Religionsfreiheit. Trotz ständiger Verfolgungen gehören die Waldenser zu den wenigen Ketzerbewegungen, deren völlige Ausrottung nie gelang; kleine Gemeinden überlebten in einigen norditalienischen Gebirgstälern In Florenz gibt es heute eine Waldenserkirche in der Via Micheli.

Ein anderes Betätigungsfeld der Inquisition waren die Hexenverfolgungen, die gegen Ende des Mittelalters immer mehr zunahmen und denen insgesamt mehrere zehntausend Menschen zum Opfer fielen. Auch hier standen die Dominikaner in vorderster Front. Sixtus IV. hatte 1483 ihren Ordensbruder Thomas de Torquemada zum spanischen Großinquisitor ernannt. Als Sixtus IV. 1484 starb, setzte ein lebhafter Kampf zwischen Rodrigo de Borja und Giuliano della Rovere, dem Neffen seines Vorgängers, um die Nachfolge ein. Sowohl Borja wie auch della Rovere setzten sich bei späteren Papstwahlen durch, doch diesmal war Giovanni Battista Cibo bei der Bestechung der Kardinäle am erfolgreichsten. Als Papst nannte er sich Innozenz VIII. Er machte vor allem durch seinen Kinderreichtum von sich reden. So soll er mindestens 16 Kinder gezeugt haben, die Söhne machte er zu Herzögen von Massa und Carrara. Einen Sohn verheiratete er mit einer Tochter von Lorenzo de' Medici.

Das Pontifikat von Innozenz VIII. ist vor allem durch eine massive Ausweitung der Hexenverfolgungen gekennzeichnet. Gleich zu Beginn seiner Amtszeit erließ er die »Hexenbulle« *Summis desiderantes affectibus*, als deren Autor der Dominikaner Heinrich Kramer gilt. Kramer, der sich Heinrich Institoris nannte, leitete gemeinsam mit seinem Mitbruder Jacob Sprenger in Deutschland die Inquisition. Sie zeichneten auch als Autoren des »Hexenhammers«, den nach heutigem Forschungsstand Kramer aber allein verfasst hat[24]. Dem Buch ist die »Hexenbulle« vorangestellt, um die jetzt einsetzenden brutalen Verfolgungen gewissermaßen mit päpstlichen Weihen zu versehen. Er berief sich aber auch auf andere Autoritäten wie Augustinus und Thomas von Aquin. Die Verfolgungen richteten sich fast ausschließlich gegen Frauen und ihren angeblichen Schadenszauber (maleficium), der häufig sexuell konnotiert war, etwa durch Hexenmagie herbeigeführte männliche Impotenz.

Im Jahr 2000 verabschiedete das deutsche Provinzkapitel der Dominikaner eine Erklärung, in der die »verheerenden Folgen dieses Tuns unserer Brüder« beklagt werden. Alle Angehörigen des Ordens wurden aufgefordert, »unsere dominikanische Beteiligung an Inquisition und Hexenverfolgung zum Thema in Predigt und Verkündigung zu machen.«[25]

Innozenz VIII. starb am 25. Juli 1492. Savonarola hatte dieses Datum in einer seiner Predigten zutreffend vorhergesagt, was dem Glauben an seine prophetischen Fähigkeiten erheblichen Auftrieb gab.

Bei der Ketzer- wie bei der Hexenverfolgung lautete das Grundprinzip: »Der Leib muss brennen, auf dass die Seele gerettet werde.« Die Bekehrung fußte auf dem Mittel des Zwanges, wobei es im Falle der Hexenverfolgungen ohnehin keine Rettung gab, denn Hexen wurden auch verbrannt, wenn sie ihre angeblichen Verfehlungen bereuten. Nicht Überzeugung war die Richtschnur der Inquisition, sondern die Kirche wollte ihre weltliche Macht demonstrieren. Der Hauptgrund für die Verfolgung der Ketzer war tatsächlich, dass diese den dogmatischen Alleinvertretungsanspruch der Kirche bestritten. Wenn dies geduldet worden wäre, wäre es mit der Lehrautorität des Papstes bald dahin gewesen.

Auch das Armutsideal der Bettelorden hatte eine aggressive Seite. Den Bettelmönchen genügte nicht die eigene Armut, auch die anderen mussten zur Entsagung bekehrt werden, ob sie nun wollten oder nicht. Die, die zur Mäßigung in allem aufriefen, mäßigten sich dabei in ihrem eigenen Tun keineswegs. Auch die von Savonarola angestifteten kindlichen Almosensammler brachten ihre Bitte nicht mit Demut, sondern mit »Ungestüm« vor: »Niemand wurde vorbeigelassen ohne eine kleine Zahlung.«[26] Anders als die nicht selten aristokratisch geprägten Mönchsorden des frühen und hohen Mittelalters, deren Angehörige die Nähe zu Gott in Einsamkeit und Kontemplation suchten, waren die Bettelorden, die im 13. Jahrhundert entstanden, der Welt und dem irdischen Leben zugewandt. Ihre Klöster entstanden meist in den aufblühenden Städten, die Mönche engagierten sich in sozialpolitischen Fragen, z.B. bei der Armenfürsorge. Zugleich war es ihnen um eine Erneuerung der Kirche zu tun.

Abb. 2: Pedro Berruguete, *Das Wunder des Hl. Dominikus*, 2. Hälfte des 15. Jh. Bei einer Feuerprobe werden die Schriften der Häretiker von den Flammen verzehrt, das Buch des Dominikus bleibt unversehrt.

Die Dominikaner sahen ihre Aufgabe einerseits in der Bekämpfung der Ketzerei durch Verkündigung der Evangelien und andererseits in der beispielhaften Führung eines apostolischen Lebens in christlicher Armut. Während die Benediktinerregel in 72 ausführlichen Kapiteln alle Einzelheiten des Klosterlebens regelte, waren die Ordensregeln der Bettelmönche eher allgemein gehalten. Für sie stand das persönliche Vollkommenheitsstreben im Vordergrund, wobei das evangelische Armutsideal eine ganz besondere Rolle spielte. Nicht nur die einzelnen Mönche waren zur Eigentumslosigkeit verpflichtet, sondern auch die Ordensgemeinschaften. Sie bestritten ihren Lebensunterhalt durch Arbeit, Zuwendungen und milde Gaben, die sie erbettelten. Für die Bettelmönche stand nicht so sehr die Bibelmeditation im Vordergrund, sondern Predigt und Beichte, Tätigkeiten, die sich an die Öffentlichkeit richteten. Sie errichteten deshalb weiträumige, eher schlicht gehaltene Predigerkirchen, die große Volksmengen aufnehmen konnten[27]. Ein gutes Beispiel ist die Kirche Santa Maria Novella in Florenz, die von 1274 bis 1357 von den Dominikanern errichtet wurde. In der sogenannten Spanischen Kapelle ist dort eine Allegorie auf die Tätigkeit der Dominikaner zu sehen. In Anspielung auf ihr Habit, ein weißes Gewand und einen schwarzen Mantel, sieht man schwarz-weiße Hunde, die *domini canes* (Hunde des Herren), wie die Dominikaner mitunter genannt wurden, die die verirrten Schafe wieder zusammentreiben.

Um als Missionare und Prediger erfolgreich zu sein, bedurfte es der Überzeugungskraft des eigenen Vorbilds. Hier entfaltete die Renaissance des Armutsideals eine starke Wirkung. Es war aber auch eine gute Ausbildung und Schulung vonnöten, auf die die Orden der Dominikaner und Franziskaner großen Wert legten. Aus ihren Reihen gingen viele bedeutende Theologen hervor. Der Orden der Dominikaner, dessen Mitglieder zu persönlicher Armut verpflichtet waren, hatte – vor allem seit dem 14. Jahrhundert – mit ständig steigendem Reichtum zu kämpfen. Überall griff der »Geist der Lauheit und Verweichlichung«[28] um sich. Die einzelnen Mönche mussten zwar eigentumslos leben, doch den Klöstern gab schon Papst Martin V. 1425 die ausdrückliche Erlaubnis zum Grunderwerb. Und je mächtiger der Orden wurde, desto zahlreicher wurden seine Freunde und desto reichlicher flossen die milden Gaben. Das Prinzip der Eigentumslosigkeit wurde in der Praxis mehr und mehr aufgegeben. Schließlich gab es eine Grundsatzdebatte, ob die alte Regel nicht überhaupt abgeschafft werden sollte. In dieser Zeit trat Savonarola in den Orden ein. Es ist nicht überraschend, dass er sich denen anschloss, die für eine strenge Beachtung der alten Grundsätze eintraten. Nach vier Jahren schloss Savonarola seine Studien in Bologna ab. Die Oberen des Klosters hielten ihn für befähigt, im Orden Karriere zu machen und schickten ihn zum Theologiestudium nach Ferrara, sodass er in seine Heimatstadt zurückkehren konnte.

Im Mai 1482 brach zwischen Ferrara und Venedig ein Krieg aus. Die Dominikaner sahen ihre Niederlassung in Ferrara gefährdet und beschlossen, das Kloster zu räumen. Die Mönche wurden anderen Niederlassungen des Ordens zugewiesen, Savonarola kam nach San Marco in Florenz. Er begann, in der Kirche von San Lorenzo zu predigen, doch diese Tätigkeit wurde ihm zu einer rechten Enttäuschung. Meist verirrten sich nur einige Frauen mit ihren Kleinkindern zu ihm: »Den Florentinern erschienen die Manieren und die Redeweise des fremden Predigers roh und ungebildet, sein lombardischer Akzent rau, seine Ausdrücke derb und ungewählt, seine Gesten hastig und gewaltsam.«[29] Wenn die Florentiner Bürger schon in die Kirche gingen, dann hörten sie lieber den Augustiner Fra Mariano, der damals in Santo Spirito predigte. Die Zeitgenossen rühmten seine sonore Stimme, den gewählten Ausdruck, seine kunstvollen Redewendungen und die Harmonie der Kadenzen. Dieses Erlebnis musste Savonarola in seiner Überzeugung bestärken, dass Florenz ganz und gar dem Verfall der Sitten erlegen sei. Er verließ die Stadt, deren Bewohner so wenig von seinen eindringlichen Appellen beeindruckt waren, so oft er konnte und predigte z.B. 1484 und 1485 zur Fastenzeit im nahen San Gimignano. Es folgten fünf unruhige Jahre im Leben Savonarolas, in denen er sich in einer Reihe verschiedener Städte aufhielt, unter anderem in Brescia, Pavia, Ferrara und Bologna. Er übte sich in der Predigt und machte sich Gedanken darüber, wie ein sozial arriviertes Publikum anzusprechen war. Außerdem übte er sich im toskanischen Dialekt, nachdem seine ersten Auftritte in Florenz den Spott der Einheimischen erregt hatten[30]. Unterstützt durch Dichter wie Dante, Petrarca und Boccaccio hatte sich im 14. Jahrhundert das Toskanische und dabei besonders das Florentinische gegenüber den anderen italienischen Dialekten durchgesetzt. Es galt als das beste Italienisch. Die 1583 in Florenz gegründete Accademia della Crusca, die noch heute besteht, setzte später auch die Normen für die italienische Schriftsprache[31].

1490 kehrte Savonarola nach Florenz zurück und übernahm wieder die Lektorenstelle in San Marco. Fra Mariano predigte noch immer in Santo Spirito vor einem illustren Publikum, zu dem nicht selten auch Lorenzo de' Medici gehörte. Aber Savonarola verfügte nun über einen ungleich größeren Schatz an Erfahrungen für die sich anbahnenden

Auseinandersetzungen. Das Kloster San Marco war im 13. Jahrhundert gegründet und 1437 erweitert worden. Die Erweiterung durch den Architekten Michelozzo finanzierte Cosimo il Vecchio (»der Alte«), der Begründer der Dynastie der Medici. Als Savonarola 1490 nach Florenz zurückkehrte, war die politisch dominierende Persönlichkeit in der Stadt Cosimos Enkel Lorenzo de' Medici (1449–1492), genannt »der Prächtige« (il Magnifico).

Abb. 3: Klosterhof von San Marco in Florenz

Das Florenz der Medici

Seit dem 13. Jahrhundert finden wir in Florenz Mitglieder der Familie Medici in öffentlichen Ämtern[32]. Unter Giovanni di Bicci de' Medici (1360–1429) übernahmen sie die Führung der Popolanenpartei und konkurrierten mit den Albizzi um die politische Spitzenposition in der Stadt. In dieser Zeit wurde auch die Medici-Bank gegründet. Durch den Orienthandel hatte die Familie enorme Gewinne gemacht. Nachdem der Krieg zwischen Florenz und dem Papst 1376/78[33] zunächst die Geschäftsverbindungen zwischen diesen beiden Mächten völlig zerstört hatte, eroberten die Florentiner Kaufleute und Bankiers in den Jahren nach 1390 ihre bevorzugte Stellung am päpstlichen Hof allmählich wieder zurück.

Giovanni di Bicci leitete bis 1397 die Bank der Medici in Rom[34]. 1397 kehrte er nach Florenz zurück, wo von da an die Zentrale der Medici-Bank war. Schon bald, in den Jahren nach 1410, gelang es den Medici, die anderen Florentiner Bankhäuser in Rom zu überflügeln. Für diesen Umstand war besonders die Beziehung zwischen Giovanni di Bicci und Baldassare Cossa von Bedeutung, der 1410 als Johannes XXIII. Papst wurde (er wurde später zu den sogenannten Gegenpäpsten gerechnet, weshalb es im 20. Jahrhundert noch einmal einen Papst diesen Namens gab). 1402 war Cossa Kardinal geworden und eroberte im Jahr darauf Bologna für die Kurie, wodurch er ein mächtiger Nachbar für die Florentiner Republik wurde, der sich nicht nur im Süden, sondern auch im Westen immer näher an das Florentiner Territorium heranschob. Schon in jenen Jahren war Giovanni der Bankagent Cossas. Außerdem wurde in dieser Zeit das Amt des *depositarius Camerae Apostolicae* geschaffen. Dieser »päpstliche Finanzminister« kam seit 1403 immer aus Florenz[35]. Johannes XXIII. entfaltete nach seiner Wahl rege militärische Aktivitäten, die naturgemäß viel Geld kosteten. Sein Hauptgläubiger war Giovanni di Bicci. 1420 gingen die Spini, die größten Konkurrenten der Medici, bankrott, und die Medici erreichten auch unter Papst Martin V., der eigentlich einer anderen Fraktion verpflichtet war, dieselbe Stellung wie zuvor unter Johannes. Bartolomeo de' Bardi, der Leiter der römischen Filiale der Medici-Bank, war zu dieser Zeit *depositarius*. Auf diese Weise konnten die Medici praktisch den gesamten Finanzverkehr der römischen Kurie kontrollieren.

Giovanni di Bicci war ein außerordentlicher wirtschaftlicher Aufstieg gelungen. 1396 hatte er noch 14 Florin Steuer gezahlt. 1427 war er mit einer 28mal höheren Summe bereits der zweitgrößte Steuerzahler der Stadt hinter dem schon erwähnten Palla Strozzi[36]. Bei seinem Tode hinterließ Giovanni di Bicci de' Medici ein Vermögen von 180.000 Florin. Sein Sohn Cosimo de' Medici machte aus der väterlichen Bank die größte von allen und sich selbst zum reichsten Bürger der damals bekannten Welt. 1457 zahlten die Medici auf ihr deklariertes Vermögen eine Steuer von 576 Florin. Das war ein vergleichsweise bescheidener Betrag, aber mit der Moral der Steuerzahler stand es in Italien schon damals nicht zum Besten. Im *libro segreto*, dem geheimen Buch, wurden die tatsächlichen Einnahmen verzeichnet, die die offiziell Deklarierten bei weitem übertrafen.

Abb. 4: Andrea del Verrocchio, Cosimo de' Medici, Marmorrelief, ca. 1460

Den zweiten Rang unter den größten Steuerzahlern nahmen die Benci ein. Dies waren die Erben von Giovanni d'Amerigo Benci, der 1434/35 Generaldirektor der Medici-Bank geworden war. Unter Cosimo de' Medici umfasste der Medici-Trust neben dem Hauptsitz in Florenz fünf Bankfilialen in Italien und vier weitere nördlich der Alpen sowie mehrere Handwerksbetriebe. Daneben handelten die Medici mit Alaun und betrieben außerdem einen schwungvollen Handel mit Luxusartikeln aller Art. Alaun war ein Mineral, das für die Tuchproduktion benötigt wurde. Es war unentbehrlich zur Erhöhung der Haltbarkeit und der Leuchtkraft der Farben. Da Alaun nur in vulkanischem Gestein vorkommt, war es außerordentlich kostbar und schwer zu beschaffen. Der Alaunhandel führte deshalb oft zu politischen Auseinandersetzungen. Als Mitte des 15. Jahrhunderts in Tolfa, 50 Kilometer nordwestlich von Rom, Alaun gefunden wurde, jubelte Papst Paul II: »Wir haben die größte Schlacht gegen die Türken gewonnen!« Angesichts der starken Position der Osmanen in Vorderasien und auf dem Balkan und der nicht immer besonders erfolgreichen Gegenwehr der Venezianer war der Papst froh, vom vorderasiatischen Alaun unabhängig zu werden. Das Handelsmonopol für die Erträge aus dem neu entdeckten Vorkommen erhielten die Medici.

Doch bis all dies erreicht war, galt es, noch einige innenpolitische Querelen zu überstehen. Die Finanzgeschäfte, aus denen die führenden Familien ihren Reichtum zogen, waren eine äußerst diffizile Angelegenheit. Die Gewinnspannen waren enorm, ebenso auch das Risiko. Manche der kleinen Banken glichen einem Kartenhaus aus kurzfristigen Verbindlichkeiten, das schon bei einer leichten Erschütterung in sich zusammenfallen konnte. Alle Banken arbeiteten mit – für heutige Verhältnisse – verschwindend geringem Eigenkapital. Die großen Schuldner waren meist Könige oder Fürsten, die mit den Krediten ihre Kriege finanzierten. Erlitten sie eine entscheidende Niederlage, konnten sie nichts zurückbezahlen und Bankrotte, die sich manchmal zu einer ganzen Serie häuften, waren die Folge. Die Bilanz der Florentiner Filiale der Medici-Bank aus dem Jahr 1427 mag als Beispiel dienen. Bei einer Bilanzsumme von etwa 100.000 Florin betrug der Barbestand lediglich 4.223 Florin. Die Verbindlichkeiten betrugen demgegenüber fast 78.000 Florin[37]. Es mag sein, dass diese labile Struktur zum Kollaps des florentinischen Finanzwesens führte, der an der sinkenden Gesamtzahl der tätigen Banken abzulesen ist:

1338   80 Banken
1460   33 Banken
1520   7 Banken[38]

Auch in der Zeit von Giovanni di Bicci de' Medici kam es zu einer wirtschaftlichen Krise, die durch einen Mangel an flüssigem Kapital ausgelöst wurde. Seit 1425 hatte es schon eine Reihe von Bankrotten gegeben, denen unter anderem die beiden Banken der Strozzi zum Opfer gefallen waren. Die Stadt, von kriegerischen Unternehmungen erschöpft, brauchte Geld. Die reichen Familien wiederum hatten Schwierigkeiten, das nötige Bargeld zur Zahlung der Steuern und der erzwungenen Anleihen aufzutreiben. Eine so reiche und vorsichtige Familie wie die der Medici konnte auf ihr Vermögen zurückgreifen, andere dagegen mussten oft Grundbesitz oder Staatsanleihen weit unter Wert verkaufen. Der Kurs für Staatsanleihen, der 1427 noch 50 % des Nominalwerts betragen hatte, fiel bis 1433 auf 15 %[39]. Zu diesem Wertverfall trug neben dem Geldmangel auch der Umstand bei, dass die Stadt in eine solche Finanznot geraten war, dass sie selbst die Zinsen auf diese Anleihen nicht pünktlich auszahlen konnte. Der Schuldendienst der Stadt betrug in jener Zeit insgesamt etwa 200.000 Florin im Jahr[40].

Der Hauptgrund für die finanziellen Nöte der Stadt war der ebenso kostspielige wie erfolglose Krieg gegen Lucca, den Rinaldo degli Albizzi 1430 vom Zaun gebrochen hatte. Dieser Krieg sollte auch die Entscheidung bringen in dem Kampf zwischen den Albizzi, die zusammen mit den Strozzi, Uzzano und Ridolfi seit der Restauration von 1382 die Stadtpolitik dominierten, und ihren innenpolitischen Hauptgegnern, den Medici. Die finanziellen Auswirkungen des Krieges führten zu starken sozialen Verwerfungen. Die große Mehrheit der Bürger wurde mit drückenden Steuern belastet, damit die Stadt wenigen großen Kreditgebern die geforderten Wucherzinsen bezahlen konnte. Eine Gesetzesinitiative, den Zinssatz auf 60 % im Jahr zu beschränken, wurde am 3. Juli 1431 abgeschmettert[41]. Vom Dezember 1430 bis August 1432 nahm die Stadt bei 64 Bürgern Kredite in einer Gesamthöhe von 561.098 Florin auf. Doch von einer einzigen Familie kam mehr als ein Viertel dieser enormen Summe: Die Bank Cosimo & Lorenzo de' Medici & Co. stellte 155.887 Florin zur Verfügung[42]. Dieser Betrag entsprach dem Jahresverdienst von mehreren tausend Menschen, wobei ein durchschnittlicher Handwerker oder Wollarbeiter niemals einen ganzen Florin zu Gesicht bekam, denn er wurde mit Scheidemünze bezahlt, für die er nur auf dem lokalen Markt etwas kaufen konnte.

Noch im Jahre 1430 intervenierte Mailand zugunsten Luccas, um einem Machtzuwachs seines Rivalen Florenz vorzubeugen. Den Mailänder Kondottiere Francesco Sforza zu kaufen und zum Abzug zu bewe-

Abb. 5: Mercato Vecchio mit Wechslerstuben und Schandsäule im heute nicht mehr bestehenden alten Zentrum von Florenz.

gen, kostete die Florentiner erneut erhebliche Summen. Nach drei Jahren wurde der Krieg schließlich durch Vermittlung des Papstes beendet, ohne dass die Florentiner irgendetwas Konkretes erreicht hätten.

Die Albizzi wurden in der Stadt allgemein als die Verursacher dieses Desasters angesehen; sie mussten sich also etwas einfallen lassen. Man verlegte sich darauf, die Medici als Kriegsgewinnler zu diskreditieren. Niccolò Tinucci, einer der Zeugen, die dafür aufgeboten wurden, erklärte: »Ich habe Cosimo und Averardo [de' Medici] oft sagen hören, durch den Krieg könne man mächtig werden. Man müsse die Stadt militärisch ausrüsten und ihr dann Kredite geben, die sicher und sehr profitabel seien. Das Volk würde gleichzeitig glauben, man habe ihm geholfen. So gelange man zu Ehre, Ansehen und Macht.«[43] Schließlich wurde Cosimo de' Medici am 7. September 1433 vor die *Signoria* zitiert. Die *Signoria*, die Stadtregierung, bestand aus dem *Gonfaloniere di Giustizia*, dem Bannerträger der Gerechtigkeit, und den acht Prioren. Sie residierte im Palazzo Vecchio. Als Cosimo dort ankam, wurde er sofort verhaftet; man eröffnete ihm, er stehe unter der Anklage des Landesverrats im Krieg gegen Lucca. Die *Signoria* setzte ein ihr willfähriges Gericht ein, doch Cosimo »fand Wege, die Überzeugungskraft seiner Geldmittel wirken zu lassen«[44]. Im Gericht brachen Meinungsverschiedenheiten aus, so dass die ursprünglich vorgesehene Todesstrafe nicht verhängt werden konnte und ein Kompromiss geschlossen wurde: Zehn Jahre Verbannung nach Padua. Die anderen Mitglieder der Familie Medici wurden an andere Orte geschickt und wurden außerdem in den Adelsstand strafversetzt, was sie von weiterer politischer Tätigkeit in der republikanisch verfassten Stadt auch im Falle späterer Rückkehr ausschloss.

Doch das Blatt wendete sich schon bald. Alle paar Jahre wurden die Wahlbeutel mit Zetteln neu gefüllt, auf denen die Namen aller Bürger verzeichnet waren, die das passive Wahlrecht hatten. Jede Familie trachtete danach, dass möglichst viele ihrer Mitglieder dabei berücksichtigt wurden. Aus diesen Wahlbeuteln wurden durch ein Losverfahren in regelmäßigen Abständen die städtischen Amtsträger ermittelt, wobei die Amtsperioden ziemlich kurz waren. Im August 1434 war es wieder einmal so weit gewesen. Danach wurde für September und Oktober eine neue Stadtregierung ausgelost, deren Mehrheit den Albizzi feindlich gesonnen war. Trotz der üblichen Wahlmanipulationen und trotz Verbannung war es den Medici und ihren Anhängern also gelungen, die Oberhand zu gewinnen. Am 2. Oktober mussten Rinaldo degli Albizzi und 70 seiner Parteigänger den Weg ins Exil antreten; dafür kehrte Cosimo de' Medici wenige Tage später nach Florenz zurück.

In den folgenden Jahren gelang es ihm, alle wichtigen öffentlichen Ämter, Gremien und Kommissionen mehrheitlich mit Leuten zu besetzen, die ihm ergeben waren, während er sich selbst möglichst im Hintergrund hielt. Cosimo war nicht nur ein ungekrönter, sondern auch ein lautloser König. Er mied prominente Positionen in der Stadtverwaltung, ließ die Verfassung formal bestehen und versagte es sich auch, sich von jubelnden Volksmassen feiern zu lassen. Bei seiner Rückkehr aus dem Exil ging er der ihn erwartenden Menge aus dem Weg und betrat die Stadt auf Schleichwegen. Er suchte nicht nach spektakulären, aber oberflächlichen Erfolgen, sondern setzte auf Beharrlichkeit und Fleiß. Cosimo regierte Florenz nicht mit »Brot und Spielen«, wie sein Enkel Lorenzo, sondern mit der Akribie des Buchhalters. Mit eiserner Hand leitete er die Geschäfte der Medici-Bank, die zu seinen Lebzeiten ihren Zenit erreichte, und zog gleichzeitig die Fäden hinter den Kulissen der Stadtpolitik. Er schuf ein »auf Klugheit, Geld und Geduld ... gegründetes System der Hegemonie eines einzelnen Bürgergeschlechts«[45]. Cosimo starb im Alter von 75 Jahren, ohne dass seine Herrschaft noch ein einziges Mal ernsthaft in Frage gestellt worden wäre.

Abb. 6: Sandro Botticelli, Die Anbetung der Könige, ca. 1475. Der vor dem Christuskind kniende König trägt die Züge von Cosimo de' Medici, der zweite König die seines Sohnes Piero. Der dritte König ist Cosimos zweiter Sohn Giovanni, der ein Jahr vor ihm starb. Der Zuschauer links von Cosimo ist sein Enkel Lorenzo der Prächtige, die korrespondierende Figur auf der rechten Seite Lorenzos Bruder Giuliano, der bei der Pazziverschwörung ermordet wurde.

Im Allgemeinen respektierte Cosimo de' Medici das florentinische Prinzip, die verschiedenen Regierungsgremien und -kommissionen durch Losentscheid zu besetzen. Er versuchte natürlich, unter den Bürgern, die das passive Wahlrecht hatten, also ausgelost werden konnten, möglichst viele seiner Anhänger zu platzieren. Trotzdem konnte es vorkommen, dass einer *Signoria*, die Cosimo mehrheitlich freundlich gesonnen war, eine folgte, die überwiegend aus seinen Gegnern bestand. Da die *Signoria* jeweils nur zwei Monate im Amt war und keine gesetzgeberischen Befugnisse hatte, war der Schaden nicht groß. Jedenfalls war er viel geringer, als wenn man dieses System angetastet hätte. Es gab aber eine Einrichtung, über die Cosimo keinen Augenblick die Kontrolle verlieren durfte, wollte er nicht in Gefahr geraten; das waren die *Otto di Guardia*, die Acht der Wache. Die *Otto* hatten nach Cosimos Machtübernahme 1434/35 die Verfolgung seiner politischen Gegner organisiert. 1458 fassten die *Otto di Guardia* einen Beschluss, der alle ausgesprochenen Exilierungen um noch einmal 25 Jahre verlängerte; manche oppositionelle Familien wurden sogar generell von der Bekleidung öffentlicher Ämter ausgeschlossen[46]. Das Gremium der Acht war für die Sicherung von Cosimos Herrschaft von außerordentlicher Bedeutung. Um es ständig unter Kontrolle zu haben, wurde seine Zusammensetzung deshalb nicht durch das Los, sondern durch Abstimmungen bestimmt, die natürlich viel leichter zu kontrollieren waren.

Die *Otto di Guardia* waren im September 1378 nach der Niederlage des Aufstandes der Wollarbeiter geschaffen worden[47], um das kleinbürgerliche Regime zu konsolidieren. Die *Otto* bekamen bald immer mehr Aufgaben im Bereich der öffentlichen Sicherheit. Auf heutige Verhältnisse übertragen muss man sie sich gewissermaßen wie eine Kombination aus Polizei und Verfassungsschutz vorstellen: »Die Sicherheit des Staates, die Unterdrückung von Verschwörungen und die ganze Überwachungs- und Spionagetätigkeit erforderte einen Kern von ergebenen Polizeibeamten, deren Zahl nach dem Umfang ihrer Kompetenzen bestimmt wurde. Die Otto wurden sehr bald eine Familie, deren Größe wir nicht kennen, deren Mitgliederzahl aber nach ihren Anweisungen beschränkt wurde.«[48] Darüber hinaus kontrollierten die *Otto di Guardia* auch die übrigen städtischen Wachmannschaften, übten die Kontrolle über die Märkte aus, organisierten Truppenaushebungen und kontrollierten die militärischen Befestigungen der florentinischen Republik. Es war nur konsequent, dass sie auch an den Beratungen über außenpolitische Fragen und Probleme der Kriegführung beteiligt wurden.

Die *Otto* erwiesen sich sehr schnell als so nützlich, dass sie nach dem neuerlichen Umsturz 1382, der die guelfisch orientierte Reaktion wieder ans Ruder brachte, keineswegs aufgelöst wurden, sondern sogar noch vermehrte Kompetenzen erhielten. So bekamen sie die Aufgabe, 2 000 staatstreue Bürger mit guelfischer Gesinnung zu identifizieren. Zum Beweis, dass sie die Gesinnungsprüfung bestanden hatten, erhielten diese Bürger von den *Otto* ein Abzeichen. Zur Erfüllung ihrer Aufgaben wurden den Acht außerdem 200 Armbrustschützen und 200 Exekutivbeamte beigeordnet. In den 1420er Jahren wurden den *Otto di Guardia* überdies auch noch Funktionen der Rechtssprechung übertragen. Es begann mit Geldstrafen für die Missachtung von Anordnungen der Stadt. Doch auch hier nahmen die Kompetenzen der *Otto* immer mehr zu, und gegen Ende des Jahrhunderts fielen auch schwere Verbrechen in ihre Zuständigkeit. Seit 1433 begannen sie, »die normalen und traditionellen Organe der Rechtssprechung immer mehr zu entmachten, um dann deren Erbe einzusammeln«[49]. Cosimo de' Medici säumte nicht, die *Otto di Guardia* für seine Zwecke einzusetzen. Bereits am 11. Oktober 1434, kaum dass Cosimo wieder in der Stadt war, wurden die ersten politischen Urteile gefällt.

Im Jahre 1458, als Cosimo die Exilierung seiner politischen Gegner verlängern ließ, wurde gleichzeitig zur weiteren Absicherung seiner Herrschaft ein neues Gremium geschaffen, der *Consiglio dei Cento*, der Rat der Hundert. Dieser Rat usurpierte die Gesetzgebungsfunktionen, die bisher das aus den beiden traditionellen Räten zusammengesetzte Stadtparlament wahrgenommen hatte. Die beiden Räte hatten zusammen 500 Mitglieder und waren daher schlechter zu kontrollieren gewesen. Der *Consiglio dei Cento* wählte nun auch die *Otto di Guardia*. Ergänzt wurde diese Transformation der Stadtverfassung noch durch zahlreiche Kommissionen für besondere Aufgaben, deren Treiben noch undurchsichtiger war als das der hundertköpfigen Akklamationsmaschine. Cosimo de' Medici versuchte zwar, so wenig wie möglich die traditionellen Bahnen der republikanischen Verfassung zu verlassen, um den Eindruck zu vermeiden, er sei ein Despot. Andererseits zögerte er nicht, die Maßnahmen zu ergreifen, die ihm zur Sicherung seines Regiments notwendig schienen.

Auch in der Außenpolitik war Cosimo eher vorsichtig. Er mied Eroberungskriege, denn sie waren sehr kostspielig und ihr Ausgang höchst ungewiss. Schon zu Beginn des 15. Jahrhunderts hatten die Florentiner ja die Hafenstädte Pisa und Livorno erobert, sodass der für den Fernhandel wichtige Zugang zum Meer gesichert war. Cosimo kam es daher mehr darauf an, das Territorium der florentinischen Republik zu sichern, als es weiter auszubauen. Die einzigen toskanischen Städte, die zu seiner Zeit politisch noch selbständig waren, waren Lucca und Siena. Siena war nach Florenz die zweitgrößte Stadt der Toskana und konnte seine Unabhängigkeit noch bis 1559 behaupten. In Richtung Osten waren die Florentiner weit nach Umbrien vorgedrungen, jedoch nicht bis zum Meer gekommen. Der Expansionstrieb des Papstes hatte sie gehindert. Der Kirchenstaat erstreckte sich inzwischen bis nach Bologna, so dass die Republik von Florenz sogar einen Teil ihrer nördlichen Grenze mit ihm gemeinsam hatte.

In Italien war es dem Adel im Allgemeinen nicht gelungen, bedeutende Territorien zu bilden. So zerfiel das Land in konkurrierende Stadtstaaten. Im Laufe der Zeit reduzierte sich deren Zahl immer mehr, weil die großen Stadtrepubliken die kleinen schluckten und so immer größer wurden. Schließlich blieben als Machtsphären nördlich des Kirchenstaates die Territorien von Mailand, Venedig und Florenz. Im Süden lag der einzige echte Flächenstaat, das Königreich Neapel. Diese fünf Großmächte bestimmten die italienische Politik. 1454, ein Jahr nach dem Ende des Hundertjährigen Krieges und nach dem Fall von Konstantinopel, versuchten die fünf, den Status quo im Frieden von Lodi zu sanktionieren.

Cosimo de' Medici war ein einflussreicher und energischer Vertreter einer solchen Politik der »balance of power«, womit nichts anderes als eine Reservierung des aufzuteilenden Kuchens für die Mächtigsten gemeint ist. In der ersten Hälfte des 15. Jahrhunderts erschütterten besonders die Auseinandersetzungen um den Thron in Neapel das Kräftegleichgewicht in Italien. Alfons von Aragon und der Kondottiere Braccio unterstützten Königin Johanna II. (1414–1435). Ihnen gegenüber standen Ludwig bzw. René von Anjou und Muzio Sforza, der auf den moralischen Beistand des Papstes und – weit wichtiger – die Gelder der Medici rechnen konnte. Muzio Sforzas Sohn Francesco war ebenfalls Kondottiere, kämpfte aber nicht für Neapel. Als Florenz den Versuch unternahm, Lucca zu erobern, stand Francesco Sforza in Diensten der Mailänder Visconti. Zu anderen Zeiten führte er auch Krieg im Auftrag von Florenz oder Venedig. Sein geschicktester Schachzug war aber zweifellos, die Tochter von Filippo Maria Visconti zu heiraten. Denn einen Sohn hatte der nicht, und so wurde Francesco Sforza 1450 selbst Herzog von Mailand. Ein Jahr später schlossen die Florentiner einen Zehnjahresvertrag mit ihm ab; dies war eine »revolutionäre Umkehrung der Allianzen«[50].

Jahrzehntelang hatten Florenz und Venedig gemeinsam gegen die Großmachtträume der Visconti gekämpft. Jetzt traten die Florentiner an die Seite ihres Nachfolgers Francesco Sforza. Die treibende Kraft für diesen Wechsel war Cosimo de' Medici gewesen. Die Expansion Venedigs bedrohte nach seiner Überzeugung die florentinische Stellung in Italien und darüber hinaus durch den Griff nach den Alpenpässen den Handel der Medici mit dem Norden. Der Beistandspakt mit Francesco Sforza sollte Schutz gegen die hegemonialen Bestrebungen Venedigs und Neapels bieten und helfen, das derzeitige Gleichgewicht, das vor allem durch französische und spanische Eroberungsgelüste mancherlei Bedrohung ausgesetzt war, zu erhalten. Die »balance of power« war Cosimos oberstes Kalkül. Als gewiefter Machtpolitiker schloss er Allianzen ausschließlich nach dem Gesichtspunkt der Zweckmäßigkeit. Das traditionelle Argument, das despotische Mailand bedrohe die *libertas Italiae*, die Freiheit, wie sie etwa in der florentinischen oder venezianischen Republik beheimatet sei, kümmerte ihn wenig. Er setzte auf Flexibilität und Effizienz und intervenierte so wenig wie möglich, aber, wenn es Not tat, mit großer Entschlossenheit.

Am 6. Juli 1439, fünf Jahre nach Cosimos Rückkehr, wurde im Dom von Florenz die Wiedervereinigung der römisch-katholischen und der griechisch-orthodoxen Kirche beschworen. Diese Union hatte die Not befohlen. Der byzantinische Kaiser Johannes VIII. suchte Hilfe gegen die Türken und Papst Eugen IV. trachtete nach einem Gegenschlag gegen das gleichzeitig in Basel tagende Konzil. Die neue Union war nicht von langer Dauer. Die von den Griechen erhoffte militärische Hilfe blieb aus. Die Union führte nicht zu einer Einigung der Kirche, sondern zu einer noch stärkeren Zersplitterung, denn die griechischen Orthodoxen zerstritten sich mit den russischen über die Frage der Annahme der Kompromissformel. Doch die Rechnung des Papstes ging auf. Er hatte das Reformkonzil in Basel (1431–1439) von Anfang an boykottiert und 1438 zu einem Gegenkonzil nach Ferrara gerufen, von wo es sich im folgenden Jahr nach Florenz vertagt hatte. Dorthin hatte Eugen IV. auch seine Residenz verlegen müssen, denn die Anstrengungen des Basler Konzils, ihn abzusetzen, hatten auch seinen Feinden in Rom Auftrieb gegeben. Doch angesichts seiner entschlossenen Gegenwehr spaltete sich das Reformkonzil. Die Radikalen wählten einen Gegenpapst, Felix V. Es war der letzte Gegenpapst der Kirchengeschichte. Die Gemäßigten strebten nach einem Ausgleich mit Eugen IV. Ihr Sprecher war Nikolaus Cusanus. Cusanus war Jurist und Theologe, arbeitete an einer Kalenderreform (bis zu deren Verwirklichung es allerdings noch 150 Jahre dauern sollte) und beschäftigte sich mit der Astronomie; sein bekanntester Schüler war Kopernikus.

In seinen außen- und kirchenpolitischen Absichten war das päpstliche Gegenkonzil nicht recht erfolgreich gewesen. Aber es hatte eine Reihe von byzantinischen Gelehrten nach Italien gebracht und förderte so entscheidend die Rezeption der griechischen Antike durch die italienischen Humanisten. Unter denen, die nach Florenz kamen, war der Philologe und Philosoph Georgios Gemisthos Plethon (ca. 1355 – 1452). Er war ein entschiedener Neuplatoniker und es gelang ihm, Cosimo de' Medici für die Stiftung einer Platonischen Akademie zu gewinnen, die wir uns eher als einen losen Zusammenschluss von Personen und nicht als eine Institution im engeren Sinne vorstellen müssen.

Während sich bis in die erste Hälfte des 15. Jahrhunderts die Wiederentdeckung des Altertums fast völlig auf die lateinischen Klassiker beschränkt hatte, rückte durch die Neuplatoniker nun auch Griechenland wieder ins Blickfeld. Mit Manuel Chrysoloras hatte sich von 1397 bis 1400 auf Veranlassung Coluccio Salutatis erstmals ein Griechischlehrer in Florenz aufgehalten, doch eine tiefergehende Beschäftigung mit Plato begann erst mit Marsilio Ficino (1433–1499), der bald zum wichtigsten Vertreter des Neuplatonismus wurde. Ficino war der Sohn von Cosimos Leibarzt und wuchs im Hause der Medici auf. Er interessierte sich schon als Kind lebhaft für Philosophie und war »so sehr von seinem fieberhaften Studiereifer erfüllt, dass er eine Art lebendes Lexikon für antike Philosophie wurde«[51] 1453 betraute Cosimo ihn mit der Übersetzung der Werke Platons ins Lateinische, an der er 30 Jahre lang arbeitete. Diese Übersetzung ist Ficinos wichtigstes Werk neben seiner »Theologia Platonica« (1474), in der er seine These von der Harmonie zwischen der christlichen Offenbarung und der Philosophie Platons entwickelte. 1463 schenkte Cosimo Ficino ein Landhaus in der Nähe der Medici-Villa in Careggio. Dieses Landhaus wurde zum Treffpunkt der Neuplatoniker.

Ficino, mit dem die Metaphysik ihren Einzug in das Denken der italienischen Humanisten hielt, bewegte sich auf der Grenze zwischen Theologie und Philosophie, die er miteinander versöhnen wollte: »So liegt von vornherein ein asketischer Zug über den florentinischen Platonikern, der auf deren geringe Widerstandskraft gegen die Bußpredigten Savonarolas vorausdeutet.«[52] Die Metaphysik

Ficinos, die wieder auf abstraktes Philosophieren abzielt, steht im Widerspruch zu der »humanistischen grammatisch-philologischen Überlieferung«[53], wie sie etwa von Coluccio Salutati, Leonardo Bruni oder Angelo Poliziano repräsentiert wird. Im Gegensatz zum Positivismus des Juristen Salutati[54], beginnt mit Ficino wieder ein Nachdenken über den *uomo universale*, eine abstrakte Philosophie des Seins. Das Streben nach der Selbstverwirklichung des menschlichen Individuums, nach dem Salutati natürlich auch nur für wenige gefragt hatte, wurde, da es Konflikte in sich barg, verdrängt von der »Vorstellung einer versöhnbaren Welt«[55]. In die gleiche Richtung zielte die These von Nikolaus Cusanus, das Wesen Gottes bestehe im Zusammenfall, was wohl heißt: der Aufhebung, der Gegensätze *(coincidentia oppositorum)*. Vielerorts tauchte im Neuplatonismus der Androgyne auf – einerseits ein vollkommen harmonisiertes Individuum, andererseits ein Symbol der Negierung der sozialen Gegensätze. »Die Ideologie des Geldkapitals . . . (ist) gezwungen, in ihren apologetischen Bemühungen auf jede Sinndeutung der Gesellschaft zu verzichten«[56], nicht zuletzt auch, weil die innovatorische Dynamik des Handelskapitals im Italien des späteren 15. Jahrhunderts schon gebrochen ist.

Dies wird auch im Bereich der Ästhetik deutlich. Ein gutes Beispiel ist »Der Frühling« von Botticelli (heute in den Uffizien zu sehen). Die in der Florentiner Malerei des 15. Jahrhunderts bereits erreichte Perspektive ist wieder verloren gegangen; das Dargestellte ist aus dem Kontext der Realität gelöst. Das Bild hat keinen realen Hintergrund, die Bäume sind lediglich Kulisse. Der Dichter und Philologe Angelo Poliziano (1454–1494), Freund und Schützling von Lorenzo de' Medici, lieferte mit seinen Gedichten die literarischen Vorlagen, auf die sich Botticellis Allegorien bezogen. Poliziano und Botticelli gehörten wie Lorenzo de' Medici zu den ständigen Teilnehmern am Gesprächskreis von Marsilio Ficino.

Als die Platonische Akademie 1459 gegründet wurde, war Cosimo de' Medici schon 70 Jahre alt. Fünf Jahre später starb er. Auf Cosimo folgte sein Sohn Piero, der sich nicht ohne Erfolg um die Sicherung der Machtposition der Medici in Florenz bemühte. Aber sein Leben war überschattet von einer schweren Gichterkrankung, die dazu führte, dass er sich in seinen späteren Jahren nur noch unter Schmerzen bewegen konnte. Piero überlebte seinen Vater nur um fünf Jahre. Als er 1469 starb, hatte sein Sohn Lorenzo bereits die Führung der politischen Geschäfte übenommen.

Abb. 7: Ansicht von Florenz, 1490

Lorenzo der Prächtige

Einer der eifrigsten Zuhörer bei den Zusammenkünften der Neuplatoniker war der junge Lorenzo de' Medici. Zuvor hatte er eine umfassende humanistische Ausbildung erhalten. Er galt als begabter Dichter, war ein Freund der Künste, aber auch allen Formen des verfeinerten Lebensgenusses zugetan, weswegen die Zeitgenossen ihm den Beinamen *Il Magnifico*, der Prächtige, gaben.

Lorenzo war es auch, der den Karneval nach Florenz brachte. Das traditionelle Maskenfest, das am 1. Mai gefeiert wurde, transformierte er in ein Kostümfest, dessen Höhepunkt ein großer Karnevalsumzug war. Dazu schrieb er Karnevalslieder *(canti carnascialeschi)*, die auf den herkömmlichen Tanzliedern *(canti a ballo)* fußten und einen beträchtlichen Teil seines umfangreichen literarischen Werkes ausmachten[57]. Zu diesen Karnevalsliedern gehörten auch die *trionfi* und die *carri*, die die Funktion hatten, die Umzugswagen dem Publikum zu erläutern. Während bei den *trionfi* die Mythologie im Vordergrund stand, hatten die *carri* alltagsnahe Themen, und die Darstellungen waren nicht selten derb und obszön. Die Personen auf den Umzugswagen waren verkleidet als junge Mädchen und alte Schwatzbasen, als Eremiten, als Lumpenvolk, als alte Männer und junge Frauen oder sie verkörperten die Vertreter der verschiedenen Handwerke. In einer Stadt, in der die Zünfte jeglicher politischer Macht entkleidet waren, war es kein Problem, Berufskleidung als Faschingskostüm einzusetzen.

Lorenzo setzte großen Ehrgeiz in seine Karnevalsaktivitäten. Er schrieb nicht nur die notwendigen Lieder. Er sorgte auch dafür, dass hervorragende Künstler die Kostüme entwarfen und für die Aufführungen die besten Musiker engagiert wurden. Um die Authentizität der mythologischen Kostüme sicherzustellen, ließ er entsprechende Forschungen anstellen. Am berühmtesten wurde Lorenzos *Trionfo di Bacco e d'Arianna* (der Triumphzug von Bacchus und Ariadne). Der Refrain dieses Gesanges wurde so populär, dass die italienischen Faschisten später daraus ihre Hymne formten[58]:

Quant' è bella giovanezza
Che si fugge tuttavia!
Chi vuol esser lieto, sia;
Di domani non c' è certezza.

> Wie schön ist die Jugend,
> die uns dennoch flieht!
> Wer fröhlich sein will, sei es;
> Über das Morgen gibt es keine Gewissheit.

Aus diesen Zeilen spricht Entschlossenheit zur Freude am Dasein, aber auch bange Ungewissheit über das Danach. Im Karneval fand die renaissancehaft überschäumende Lebensfreude ihren konzentrierten Ausdruck. Er war deshalb aber noch keine populäre Veranstaltung, sondern mit seinen antiken Göttern, Nymphen und Dämonen eher intellektuell reizvoll für die Gebildeten. Dabei war der Karneval Teil eines Systems von Festen, Schauspielen, Komödien, Turnieren und Maskeraden, die den Jahreslauf prägten. Die Stadt, die Lorenzo mehr noch als frühere Medici zu seiner Stadt machte, wurde zur Bühne eines urbanen Illusionstheaters.[59] Im 16. Jahrhundert wurde unter Cosimo I., dem ersten Mediciherzog, diese festive Inszenierung staatlicher Herrschaft noch weiter systematisiert.

Das Ziel der auf Repräsentation und Spektakel angelegten mediceischen Feste war es, der Popularität der religiösen Feste etwas entgegenzusetzen. Diese kirchlichen Prozessionen, Umzüge und Feiern hatten in Florenz im 15. Jahrhundert ihre »große Zeit« gehabt[60]. Manche, wie z.B. der eindrucksvolle *Scoppio del Carro* (Explosion des Wagens), sind noch heute zu sehen. Beim *Scoppio* entzündet der Heilige Geist in Form einer hölzernen Taube am Ostersonntag ein Feuerwerk.

Das wichtigste kirchliche Fest war das Johannisfest am 24. Juni. Wie in den römischen Saturnalien die Wintersonnenwende gefeiert worden war, so feierten die Germanen auch die Sommersonnenwende. Die christliche Kirche versuchte zunächst, das Fest zu unterdrücken. Als dies nicht gelang, wurde es christlich umgedeutet. So wie die Wintersonnenwende durch das Weihnachtsfest verdrängt wurde, feierte man zur Zeit der Sommersonnenwende den Geburtstag von Johannes dem Täufer. Man tanzte um das Johannesfeuer und sprang auch durch die Flammen, um sich von allem Bösen zu reinigen.

Das Florentiner Johannisfest schildert uns Goro Dati in seiner Geschichte der Stadt: »Am Morgen des heiligen Johannes, wer auf die Piazza della Signoria geht, glaubt eine so triumphale und herrliche und wunderbare Sache zu sehen, dass kaum der Sinn dazu ihm genügt. Sind rings um den großen Platz hundert Türme, welche aus Gold zu sein scheinen, manche von Karren getragen, und manche von Trägern, und sie heißen *Ceri* [Wachskerzen], aus Holz, Papier und Wachs ge-

Abb. 8: Titelblatt der Canzone per andare in maschera per carnesciale facte da piu persone (Kanzone um verkleidet zum Karneval zu gehen, verfasst von mehreren Personen), ca. 1495. Lorenzo de' Medici, einer der Autoren, ist vorne links dargestellt.

macht, mit Gold und mit Farben, und mit erhabenen Figuren, innen hohl, und innen sind Männer, welche jene Figuren beständig drehen und ringsherum kreisen lassen. Da sind Menschen zu Pferde darauf, fechtend, und dort Fußknechte mit Lanzen und manche mit langen, viereckigen Holzschilden, laufend, und einige davon sind Fräulein, die zur Lustbarkeit tanzen. Und es sind auf ihnen Tiere eingeschnitten und Vögel und verschiedene Sorten Bäume, Apfelbäume und lauter Sachen, die das Gesicht und das Herz erfreuen können.«[61] Die von Florenz unterworfenen Städte waren durch Abordnungen vertreten. Die Wachskerzen, die wie goldene Türme aussahen, symbolisierten die Steuer auf die ältesten florentinischen Besitztümer. In der Reihenfolge ihrer Würde marschierten diese Kerzen zum Schluss in der Prozession zur Kirche San Giovanni, wo sie bis zum nächsten Johannisfest ihren Platz hatten.

Solche Festlichkeiten kann man noch heute in vielen italienischen Städten beobachten, mit historischen Kostümen im alten Ritus. In der Toskana ist das bekannteste der *Palio,* der zweimal im Jahr in Siena stattfindet; bei diesem Pferderennen sind alle 17 Quartiere vertreten. Diese Feste sind repräsentierte Geschichte, sie haben ein »Element von tableau vivant«[62]. Daneben gab es natürlich auch kleine Feste bei den einzelnen Pfarreien, die mehr den Charakter von Volksfesten hatten. Mit all diesen Traditionen hatten die Medici wenig im Sinn. Sie sprengten mehr und mehr den Rahmen der oligarchischen Stadtverfassung und erreichten eine Machtstellung, die weit über die der anderen einflussreichen bürgerlichen Familien hinausging. Nach ersten Versuchen, die Republik zu usurpieren, und zwei Revolten, die zur vorübergehenden Vertreibung aus der Stadt geführt hatten, setzten sich die Medici im 16. Jahrhundert endgültig über die republikanische Tradition hinweg, der sie ursprünglich entstammten. 1537 wurde Cosimo I. (1519–1574) Herzog in Florenz, 1569 Großherzog der Toskana. Bis zu ihrem Aussterben 1737 zählte die Familie nun zu den regierenden Herrscherhäusern. Die Stadt Florenz, die sie groß gemacht hatte, wurde zur Kulisse für ihre immer prunkvollere Machtentfaltung. Aus den Stadtbürgern wurden Untertanen, zu deren Befriedigung nicht zuletzt die prächtigen Umzüge dienten. Der zeitlich streng limitierte Ausbruch an Lebensfreude und Ausgelassenheit war eine wesentliche Qualität auch des mediceischen Karnevals. Dies war es, wogegen Savonarola zu Felde zog. Er sah im Karneval die von ihm allzeit bekämpfte Sinnlichkeit, die Leiblichkeit und Daseinsfreude und zugleich auch eine Manifestation des von ihm beklagten Verfalls der Sitten und der Moral. Dieses Element der Sinnlichkeit hatte der italienische Karneval zweifellos mit dem deutschen gemeinsam, wenn es dort auch viel unmittelbarer zum Ausdruck kam. Der Ursprung des Karnevals war die Fastnacht (Fasenacht), die Nacht vor dem Aschermittwoch. Diese Nacht sollte mit ihrer Ausgelassenheit für das folgende Fasten entschädigen. In den katholischen Ländern wurde der Karneval nach und nach ausgedehnt; statt nur eine Nacht lang wurde er schließlich die ganze Zeit ab dem 7. Januar gefeiert. In Deutschland wurde die Karnevalskultur in vielen Gegenden ein Opfer der Reformation. Der protestantischen Ethik war der Überschwang, das zeitlich streng befristete über die Stränge Schlagen, ebenso fremd wie die weltabgewandte mönchische Askese. Martin Luther lehnte Karneval und Fastenzeit gleichermaßen ab. Er propagierte innerweltliche Askese, Pflichterfüllung und Gehorsam gegenüber der Obrigkeit. Ähnliches galt für den Reformator Johannes Calvin (1509–1564), der in Genf wirkte und vor allem durch die unbarmherzige Verfolgung aller, die er als Häretiker ansah, in Erinnerung geblieben ist. In diesem Sinne war auch Savonarola ein Protestant und tatsächlich wollten viele in ihm einen Vorläufer der Reformation sehen.

Erst im 19. Jahrhundert wurde der Karneval in den katholischen Gemeinden wieder erneuert. Der »Feiertag der Narren«, der am 1. Januar gefeiert worden war, blieb vergessen; das heute übliche Sylvesterfest am 31. Dezember ist nur ein schwacher Abglanz davon. Der »Feiertag der Narren«[63] war eine direkte Herausforderung der Kirche gewesen. Karnevalspriester, -bischöfe und -päpste waren gewählt worden und satirische Gottesdienste wurden gefeiert. Das Konzil von Basel hatte das Fest 1431 erstmals verdammt, doch seine Unterdrückung gelang erst in der Reformation.

In den Städten bildete sich mit dem Fastnachtsspiel eine eigene Literaturgattung aus. Das Stadtbürgertum hatte bis dahin noch kaum eigene standesgebundene Repräsentationsformen ausgebildet. So ist das Fastnachtsspiel auch die früheste Form weltlicher Dramatik in der deutschsprachigen Literatur. Während Lorenzos Karneval demonstrative Festlichkeit mit maximaler Prachtentfaltung verband, die die politische Potenz des Herrschers unter Beweis stellen sollte, feierte in Deutschland die Bevölkerung der reichsfreien Städte sich selbst. Den Höfen gelang es erst im Absolutismus, die karnevalistischen Maskeraden zu usurpieren.

Der kultische Kern des Karnevals war zweifellos der Kampf des Sommers gegen den Winter, der häufig durch »wilde Männer« verkörpert wurde. Dies hatte der Karneval mit den alten heidnischen Sonnwendfeiern gemeinsam und ähnliches findet sich bei den römischen Saturnalien. Die Saturnalien, ursprünglich ein altlatinisches Saatfest, waren das Hauptfest des römischen Kalenders. Es wurde zunächst nur am 17. Dezember, in der Zeit der Republik bis zum 23. Dezember gefeiert. Saturn war ein Bauerngott, unter dessen Herrschaft die Menschen in einem natürlichen Zustand von Freiheit und Gleichheit gelebt hatten. Dieser Herrschaft wurde bei den Saturnalien gedacht.

Nach dem ptolemäischen Weltbild wanderte die Sonne um die Erde. Am Ende ihrer Wanderung angekommen, musste sie umkehren (daher das Wort Sonnenwende) und blieb dabei einen Moment stehen: »Die Zeit, die sonst kontinuierlich bewegliche, ließ eine Lücke für die Zeitlosigkeit. Es eröffneten sich Möglichkeiten, nicht nur für aus der Weltordnung ausgeschlossene Geister, sondern auch für die Menschen: Möglichkeiten der Überwindung der Tiefe besonders zur Zeit der Wintersonnenwende.«[64] Chronos, der Gott der Zeit, war vor Zeus nach Latium geflohen und hatte sich in Saturn verwandelt. Der römische Karneval bot eine »kleine Zeitinsel«, in der sich eine soziale Utopie manifestierte. Alle öffentlichen Geschäfte und alle Arbeiten ruhten, den Gefangenen wurden die Ketten abgenommen, die Sklaven wurden von ihren Herren bedient. Diesen utopischen Charakter weist auch der mittelalterliche Karneval auf. Durch die Maske verlässt der Mensch seine alltägliche Rolle. Die Maske macht Alte zu Jungen, Männer zu Frauen, Beherrschte zu Herrschern. »Der Mensch gibt seinen sonst unterdrückten Trieben freie Bahn, aber nur innerhalb der Ebene des Spiels«[65], das zu einem vorbestimmten Zeitpunkt sein Ende hat.

Während der Karneval »ein Schauspiel ohne Rampe, ohne Polarisierung der Teilnehmer in Akteure und Zuschauer«[66] ist, setzte sich in Italien schon frühzeitig die »höfisch-festliche Kultur der Maskerade«[67] durch. Der Karneval wurde nicht mehr gelebt, sondern nur noch bestaunt. Diese Distanzierung des »Volkes« von den Handlungen manifestierte sich in Deutschland in dieser Schärfe erst im barocken Fest. Am stärksten entwickelte sich der italienische Karneval in Rom und Venedig. Es wurden Tierhetzen, Herkulesspiele und Feuerwerke veranstaltet. Angefangen hatte es damit, dass man sich mit Blumen und mit *confetti* bewarf. So wurden die kleinen Süßigkeiten genannt (daher das deutsche Wort »Konfekt«), die später durch Gipskügelchen ersetzt wurden; heute sind an ihre Stelle maschinell hergestellte Papierschnitzel getreten.

In dieser Tradition, die den Karneval seiner ursprünglich wildwüchsigen und populären Form entkleidete, steht Lorenzo de' Medici. Nicht spielerische Utopie war sein Ziel, sondern benebelnde Belustigung. Doch Savonarola lehnte das Eine nicht weniger ab als das Andere. Bei der »Verbrennung der Eitelkeiten« 1497 sollte eine Karikatur des Karnevals den Scheiterhaufen krönen.

Weit weniger Interesse als dem Karneval brachte Lorenzo de' Medici der ererbten Bank entgegen. Er lebte gut vom väterlichen Erbe, kümmerte sich aber nur wenig um den Gang der Geschäfte. 1494, zwei Jahre nach Lorenzos Tod, als die Medici aus Florenz vertrieben wurden, wurde auch die Bank geschlossen. Doch sie hatte sich ohnehin schon »am Rande des Bankrotts«[68] befunden; ihre Auflösung wurde kaum noch bemerkt.

Lorenzo de' Medici war ein Renaissancefürst. Vom Hofhalten und Repräsentieren verstand er viel, wenig dagegen von den Tugenden des Kaufmanns, dem Haushalten und der Buchführung. In ihm brachen sich zwei historische Linien: die für die nächsten 200 Jahre absteigende des akkumulierenden Kaufmanns und die aufsteigende des ostentativ konsumierenden Herrschers. Im Gegensatz zu seinem Großvater Cosimo, der sich 1434 auf Umwegen in die Stadt hatte bringen lassen, um der jubelnden Menge auszuweichen, liebte er den Pomp; nicht zufällig wurde er von den Zeitgenossen »der Prächtige« genannt. Auch in der politischen Arena übte Lorenzo nicht die geschickte Zurückhaltung, die seinen Großvater ausgezeichnet hatte. Mit Ausnahme der *Signoria* gehörte er im Laufe der Zeit sämtlichen politischen Gremien an, die für die Stadtpolitik wichtig waren. Besonders gern ließ er sich zum *accoppiatore* wählen. Die *accoppiatori* hatten über das passive Wahlrecht zu bestimmen, d. h. nur wer von ihnen zugelassen wurde, dessen Name kam in einen der Wahlbeutel, aus denen die Amtsträger ausgelost wurden. Den *accoppiatori* kam somit eine Schlüsselfunktion zu. Mit 17 Jahren, lange also, bevor er das eigentlich notwendige Alter von 35 erreicht hatte, wurde Lorenzo mit Hilfe einer speziellen Erlaubnis in den Rat der Hundert gewählt. Und noch im Februar 1492, zwei Monate vor seinem Tode, wurde er zum letzten Mal als *accoppiatore* nominiert. Doch dies alles genügte ihm noch nicht. Darüber hinaus nahm er auch direkt Einfluss auf die Zusammensetzung der wichtigsten Gremien. Als z. B. 1471 ein Ausschuss mit 40 Mitgliedern zu wählen war, schrieb der mailändische Botschafter an seinen Herrn Galeazzo Maria Sforza: »Dass sie alle auf unserer Seite sein werden, könnt Ihr aus der beigefügten Liste der Namen sehen, die Lorenzo abgefasst hat.«[69]

Abb.9: Giorgio Vasari, Lorenzo de' Medici, postumes Porträt, 16. Jh.

Diese Schilderung mag übertrieben sein, sie zeigt aber doch, zumal ähnliches über andere Wahlen gesagt wurde, wie weit sich Lorenzo in persönliche Interventionen verstrickt hatte. Seine Überzeugung, dass er ständig um die Sicherung seiner Herrschaft besorgt sein müsse, wurde noch durch das Ereignis bestärkt, das die Herrschaft der Medici vor ihrem Sturz 1494 am Ernsthaftesten in Frage stellen sollte: die Pazziverschwörung. Die Pazzi waren eine alte ghibellinische Familie, die in Konkurrenz mit den Medici stand, dabei aber immer wieder den Kürzeren zog. Beim Krieg gegen Lucca seit 1430 waren sie die zweitgrößten Kreditgeber gewesen, sie hatten die zweitgrößte Bank in der Stadt und der Catasto von 1457 wies sie als die zweitreichste Familie aus[70]. 1473 bot sich endlich eine Gelegenheit zur Revanche. Der Herzog von Mailand Galeazzo Maria Sforza bot die Stadt Imola, zwischen Bologna und Faenza gelegen, dem Papst für 40.000 Dukaten zum Kauf an. Sixtus IV. hatte natürlich Schwierigkeiten, diese Summe aufzubringen; er wandte sich an seine Bank, die römische Niederlassung der Medici. Doch Lorenzo de' Medici war diese territoriale Expansion des Kirchenstaates höchst unsympathisch. Die Florentiner hatten erst wenige Jahre zuvor Imola an Mailand verkauft, unter der ausdrücklichen Bedingung, dass die Stadt nicht an den Papst weiterveräußert werden dürfe. Die Medici hintertrieben daher den Erwerb Imolas durch den Papst. An ihrer Stelle erboten sich die Pazzi, die benötigte Summe zur Verfügung zu stellen. Gleichzeitig teilten sie dem Papst mit, die Medici hätten ihnen von diesem Geschäft abgeraten. Das erboste Sixtus IV. so sehr, dass er die alte Geschäftsverbindung suspendierte und stattdessen die Pazzi zu seinen Hofbankiers machte. Außerdem erhielten sie das Handelsmonopol für die Alaun-Minen von Tolfa. Galeazzo Maria Sforza finanzierte vom Verkaufserlös die Hochzeit seiner elfjährigen Tochter Caterina mit Girolamo Riario, einem Neffen von Sixtus IV.

Die Beziehungen der Medici zur Kurie waren schon zuvor von Missstimmungen belastet gewesen, denn der Papst hatte sich geweigert, Lorenzos Bruder Giuliano zum Kardinal zu ernennen. Dabei war gerade Sixtus IV. ein Papst, der das damals übliche Maß an Nepotismus und Ämterkauf ins Extrem zu steigern wusste. Er hatte die Familien von zwei Brüdern und vier Schwestern mit Pfründen zu versorgen. Unter anderem ernannte er nicht weniger als fünf seiner Neffen zu Kardinälen, von denen einer später selbst Papst wurde. Eine anderer Neffe, Piero Riario, erhielt das Patriarchat von Konstantinopel und vier Bistümer, darunter auch das Erzbistum von Florenz. Sein Jahreseinkommen betrug fast zweieinhalb Millionen Florin. Das erlaubte ihm die Finanzierung von so vielen Mätressen, dass er schon mit 28 Jahren an Erschöpfung starb. An seine Stelle trat sein Bruder Girolamo Riario, der von Beruf Grünkramhändler war. Girolamo war besonders ehrgeizig und wollte, von dem vor wenigen Jahren erworbenen Imola aus, wo Sixtus ihn als Statthalter eingesetzt hatte, ein selbständiges Fürstentum errichten. Dieses Unterfangen führte 1482 zu dem schon erwähnten Krieg von Ferrara, der Savonarola erstmals nach Florenz führte. Der Papst und Venedig hatten die Stadt Ferrara angegriffen, die auf eindringliches Zureden des florentinischen Gesandten Widerstand leistete. Girolamo Riario und der Papst gehörten auch zu denen, die die Verschwörung der Pazzi nachdrücklich förderten. Der Mailänder Herzog Galeazzo Maria Sforza, der für Florenz ein potentieller Verbündeter gewesen wäre, fiel 1476 selbst einem Attentat zum Opfer.

Die Anführer des Unternehmens, das darauf abzielte die Mediciherrschaft in Florenz zu stürzen, waren Francesco Pazzi und sein Onkel Jacopo sowie Francesco Salviati, der Erzbischof von Pisa. Salviati, ein weitläufiger Verwandter der Pazzi, hatte erst Erzbischof von Florenz werden sollen; als Lorenzo de' Medici dagegen Einspruch erhob, wurde er mit dem Pisaner Bischofsstuhl entschädigt. Zuerst wollten die Verschwörer Lorenzo de' Medici und seinen Bruder Giuliano bei einem Gastmahl umbringen; dieser Plan wurde aber wieder verworfen. Nachdem die Verschwörer sich der Unterstützung des päpstlichen Söldnerführers Giovanni Batista da Montesecco versichert hatten, war es dann so weit. Man einigte sich darauf, die beiden Medici im Dom zu ermorden. Äußerer Anlass war ein Hochamt zu Ehren eines Neffen von Girolamo Riario, der, obschon erst 16 Jahre alt, bereits das Amt eines Kardinals bekleidete. Der Apotheker Luca Landucci vermerkte das Ereignis natürlich in seinem Tagebuch: »Und am 26. April 1478, etwa um 15 Uhr, in Santa Maria del Fiore, als man das Hochamt feierte, und der Geistliche den Leib des Herrn erhob, wurden Giuliano di Piero di Cosimo de' Medici und Francesco Nori ermordet, beim Chor der genannten Kirche, in der Gegend des Tores, das zur Via dei Servi führt; und Lorenzo de' Medici wurde am Hals verwundet und hatte keinen weiteren Schaden.«[71] Während sein Bruder Giuliano mitten im Dom verblutete, gelang es Angelo Poliziano, Lorenzo de' Medici in die Sakristei zu bringen, dort einzuschließen und so vor weiteren Nachstellungen zu schützen.

Ebenso wenig wie Lorenzos Ermordung gelang der Sturm auf den Palazzo Vecchio. Als bekannt wurde, dass Lorenzo de' Medici überlebt hatte, schlug die Stimmung um. Die Verschwörer, unter ihnen auch der Erzbischof von Pisa, wurden entweder von den Anhängern der Medici ermordet und zerstückelt oder von der *Signoria* hingerichtet. Ihre Leichen wurden vor dem Palazzo Vecchio aufgehängt. Als die Leichen zu stinken begannen, ließ die *Signoria* sie abnehmen und erteilte den Auftrag, sie dafür zur Abschreckung auf den Palazzo zu malen, mit dem Kopf nach unten, wie es sich für Verräter gehörte. Die Ausführung dieses Auftrages übernahm der Maler Botticelli. Sixtus IV. war wütend, als er von der Niederlage der Pazzi erfuhr, deren Familie fast vollzählig am Galgen endete. Der Traum des Papstes, ganz Mittelitalien in seine Hand zu bringen, war ausgeträumt. Aus Rache verhängte er über Lorenzo de' Medici das Interdikt, wobei ihm die Hinrichtung des Pisaner Erzbischofs als Vorwand diente.

Die Florentiner *Signoria* weigerte sich natürlich, Lorenzo in die Verbannung zu schicken, wie es der Papst gefordert hatte. Vielmehr gingen die Florentiner zum Gegenangriff über. Sie vervielfältigten die Dokumente, aus denen die Hintergründe der Verschwörung deutlich wurden, einschließlich des Geständnisses des päpstlichen Söldnerführers Montesecco, und verschickten sie an die europäischen Herrscherhäuser. Sixtus IV. bereitete sich inzwischen darauf vor, in der Toskana, deren Geistlichkeit sich hinter Lorenzo de' Medici gestellt hatte, militärisch zu intervenieren. Er rüstete zusammen mit König Ferdinand von Neapel zwei Heere aus, die im Juli 1478 in die Toskana einmarschierten. Auf der anderen Seite hatten fast alle norditalienischen Städte, allen voran Mailand und Venedig, ihre Unterstützung für Florenz erklärt, denn an einem Sieg des Papstes konnte ihnen nicht gelegen sein. Die Städte rüsteten ein gemeinsames Heer aus, dessen Leitung Herzog Ercole von Ferrara übernahm. Die militärische Lage war dennoch, trotz anfänglicher Erfolge, nach einer Weile nicht allzu günstig für Florenz. Lorenzo de' Medici entschloss sich deshalb, selbst nach Neapel zu reisen; nach zweimonatigen Verhandlungen brachte er tatsächlich einen Friedensvertrag mit König Ferdinand zustande. Einmal mehr hatte der Papst das Nachsehen.

Der Vertrag mit Neapel hatte zwar Lorenzo gerettet, der vorausgegangene Krieg hatte aber die Verschuldung des florentinischen Staates weiter anwachsen lassen. Allein für das Jahr 1479 war den Behörden auferlegt worden, Steuern in einer Höhe von 367.450 Florin einzutreiben[72]. Dies war die höchste Jahresrate im ganzen 15. Jahrhundert. Das System der Staatsverschuldung durch Anleihen war bis an die Grenzen seiner Leistungsfähigkeit strapaziert worden. Der schon beim Krieg gegen Lucca beobachtete Prozess einer Vermögensumverteilung zugunsten einer kleinen Oberschicht hatte sich weiter fortgesetzt. Für die Finanzierung des Krieges mit dem Papst musste natürlich ein politischer Preis bezahlt werden. Die Kontrolle der finanzpolitischen

Administration, d. h. der *Ufficiali del Monte*, die die Staatsanleihen verwalteten, und der anderen Finanzbeamten wurde endgültig aus den Händen der alten kommunalen Räte genommen. Die reichen Oligarchen, die die Stadt mit ihren Krediten versorgten, hatten sich auch in die Finanzausschüsse hineinwählen lassen und sicherten sich nun zusätzlich noch deren Kontrolle. So konnten sie ungehindert in die eigene Tasche wirtschaften.

Nur ein Jahr nach dem Friedensschluss mit Florenz ging der Papst gegen Ferrara vor, und ein neuer Krieg war die Folge. Zwischen 1482 und 1487 wurden neue Staatsanleihen für 818.000 Florin ausgegeben[73]. Der Zinssatz betrug 16 %, d. h. die Stadt musste mehr als 130.000 Florin im Jahr nur zur Verzinsung dieser Papiere aufbringen. Das war mehr als die Hälfte der gesamten Einkünfte aus den Verbrauchssteuern. Der kommunale Haushalt pervertierte so mehr und mehr zu einem Transmissionsriemen der Vermögensumverteilung von unten nach oben. Die Verbrauchssteuern musste jeder bezahlen, sie wurden vor allem von der breiten Masse der Besitzlosen aufgebracht, kamen ihnen aber nicht zugute, weil die Erträge zum großen Teil in den Geldtruhen der reichen Kreditgeber verschwanden. Dies ist der ökonomische Hintergrund für die Verfassungsreform des Jahres 1480, die auch als Reaktion auf die Pazziverschwörung zu sehen ist.

Schon 1458 war von Cosimo de' Medici ein neues Gremium geschaffen worden, der *Consiglio dei Cento* (Rat der Hundert). Dieser Rat hatte viele Kompetenzen usurpiert, die in der vormediceischen Stadtverfassung die beiden Räte innegehabt hatten, die zusammen das Stadtparlament ausmachten. Der Rat der Hundert war wegen seiner relativen Kleinheit viel leichter zu kontrollieren als die bisherigen Räte. Nun, im Jahre 1480, wurde noch der *Consiglio dei Settanta* (Rat der Siebzig) gebildet, dem überdies zwei Kommissionen zur Seite gestellt wurden: die *Otto di Pratica*, die Acht der Verwaltung, und die zwölf Prokuratoren. Von den Siebzig amtierte immer je die Hälfte zwei Monate lang. Sie wählten die *Signoria*, die das eigentliche Exekutivorgan war. Die *Otto di Pratica* waren für Kriegführung und Außenpolitik zuständig; die Prokuratoren kümmerten sich um Finanzen, Handel und Gewerbe und See- und Hafenangelegenheiten. Pisa war seit 1406 florentinisch und somit verfügte die Republik Florenz über einen Seehafen.

Damit war die Beseitigung der florentinischen Demokratie, so wie sie sich entwickelt hatte, vollständig. Alamanno Rinuccini, selbst Teil des politischen Establishments, stellte fest, dass die neue Verfassung »viele höchst schändliche Teile enthielt und dass sie alle gegen ein gutes Leben waren und gegen die Freiheit des Volkes, die mir an diesem Tage völlig beerdigt schien«[74]. Damit war der Prozess, der 1434 begonnen hatte, abgeschlossen. Aus einer Stadtverfassung, die immerhin der Ober- und Mittelschicht politischen Einfluss gewährte (soweit sie männlichen Geschlechts war) und damit für einen erheblichen Zeitraum eine stabile kommunale Selbstverwaltung gewährleistet hatte, war die unbedingte Herrschaft einer Familie hervorgegangen. Aus dem Kreis der großen Kaufleute und Bankiers hatte sich einer emporgeschwungen und alle anderen seiner Botmäßigkeit unterworfen.

Abb. 10: Domenico Ghirlandaio, Detail aus dem Gemälde »Der Engel erscheint Zacharias«, das Mitglieder der Platonischen Akademie zeigt, von links nach rechts: Marsilio Ficino, Cristoforo Laudino, Angelo Poliziano, Gentile de' Becchi.

Unter Lorenzo »dem Prächtigen« verbanden sich politische Alleinherrschaft, ökonomische Macht und die Kontrolle über das Kulturleben in bis dahin nicht gekannter Art und Weise. Lorenzo galt als Mäzen, aber die von ihm Geförderten hätten keine wirkliche Alternative gehabt. Die bedeutendsten Schriftsteller der damaligen Zeit mussten es sich angelegen sein lassen, im Hause der Medici zu verkehren. Ghirlandaio und Botticelli mussten sich glücklich schätzen, von ihnen Aufträge zu erhalten. Und Michelangelo wurde bemüht, für Lorenzo de' Medici und seinen Bruder Giuliano würdige Grabmäler zu schaffen, die heute Besucher aus aller Welt in der Neuen Sakristei von San Lorenzo bewundern.

Verfassungsreform

1492 starb Lorenzo de' Medici, nur 43 Jahre alt. Sein Landsmann Cristoforo Colombo (deutsch: Christoph Kolumbus) erreichte im selben Jahr auf der Suche nach einem westlichen Seeweg nach Indien mit drei Schiffen die Bahamas. Colombo stammte mit großer Wahrscheinlichkeit aus Genua, fuhr aber im Auftrag der spanischen Krone. In den folgenden zwölf Jahren unternahm er noch drei transatlantische Reisen, stieß auf weitere westindische Inseln und befuhr Teile der mittel- und der südamerikanischen Festlandküste. Seine Entdeckung der »Neuen Welt« wurde für die indianische Bevölkerung zur Katastrophe. Millionen wurden zum Opfer der Goldgier und des Missionseifers der iberischen Konquistadoren. 1498 umrundete der portugiesische Seefahrer Vasco da Gama Afrika und erreichte Indien auf dem östlichen Seeweg. Seinem Landsmann Fernão Magalhães (deutsch: Ferdinand Magellan) gelang 1519–22 die erste Weltumsegelung. An der Kugelgestalt der Erde bestand nun kein Zweifel mehr. Die Größe der bekannten Welt hatte sich durch die Entdeckungsfahrten nahezu verzehnfacht.[75] Italien, das als Entdecker-, Eroberer- und Kolonisatorennation kaum eine Rolle spielte, verlor durch diese Globalisierung als Handelsnation langfristig ganz entscheidend an Bedeutung.

Lorenzo de' Medici hinterließ bei seinem Tod sieben Kinder, darunter vier Töchter, die für die Nachfolge nicht in Frage kamen, aber als Heiratskandidatinnen politische Bedeutung hatten. Der jüngste Sohn, Giuliano, war erst 13 Jahre alt und deshalb zu jung, um Lorenzo nachzufolgen; er wurde später »unauffällig«[76] mit der Schwester des Königs von Frankreich verheiratet. Der zweitälteste, Giovanni, war Kardinal, er wurde 1513 als Leo X. der erste der Medicipäpste. Übrig blieb Piero, der nach Lorenzos Tod in dessen Fußstapfen trat oder es doch wenigstens versuchte. Er bekam von den Zeitgenossen den Beinamen *lo Sfortunato*, zu deutsch: der Pechvogel. Als Piero später aus Florenz vertrieben wurde, begab er sich – wie sein Vater – nach Neapel. Doch auch dort bewies er wenig Geschick. Als er mit seinen französischen Hilfstruppen überfallen wurde, stürzte er auf der Flucht in einen Fluss und ertrank.

Lorenzo de' Medici, der selbst mit Clarice Orsini verheiratet war, hatte seinen Sohn Piero ebenfalls mit einer Angehörigen dieses rö-

Abb. 11: Territorium der Republik Florenz, 1494

mischen Fürstengeschlechts verehelicht. Doch den Beziehungen zum Vatikan half das nicht recht auf, und Pieros Beliebtheit in Florenz erhöhte es ohnehin nicht. Der alte Feind der Medici, Sixtus IV., war 1484 gestorben, was zu einer Entspannung der Situation geführt hatte. Mit Papst Innozenz VIII. konnte Lorenzo de' Medici ein Auskommen finden. Er verheiratete seine Tochter Maddalena mit Innozenz' Sohn Franceschetto; die Hochzeit wurde im Vatikan prunkvoll gefeiert. Innozenz verlieh auch Lorenzos 14jährigem Sohn Giovanni die Kardinalswürde. Doch Innozenz starb wie Lorenzo im Jahre 1492. Und sein Nachfolger war der berüchtigte Rodrigo de Borja (italienisch: Borgia) aus Jativa in Valencia, der sich als Papst Alexander VI. nannte.

Als Cristoforo Colombo 1493 von seiner ersten Schiffsreise zurückkehrte, entstand sofort ein Streit zwischen den Kolonialmächten Spanien und Portugal über die neu entdeckten Gebiete, den Alexander VI. durch die Festsetzung einer Demarkationslinie entschied. Diese Linie scheidet bis heute den spanisch sprechenden vom portugiesisch sprechenden Teil Lateinamerikas. Alexander soll das erste aus Amerika erhaltene Gold dazu verwendet haben, die Kassettendecke in der Basilika Santa Maria Maggiore auf dem Esquilin vollenden zu lassen, eine Arbeit, die sein Onkel Alonso de Borja, Papst Kalixt III. (1455–1458), begonnen hatte. Im Jubiläumsjahr 1500 vollendete Michelangelo seine Pietà im Petersdom, die den Künstler, der damals erst 25 Jahre alt war, zum größten Bildhauer seiner Zeit machte. Die Reinheit dieses Werkes steht in bemerkenswertem Kontrast zu den ethischen Maßstäben des Auftraggebers Alexander VI., dem es vor allem anderen um die Versorgung seiner zahlreichen Familie und das Ausleben seines Geschlechtstriebes ging. Im vorletzten Jahr seines Pontifikats veranstaltete er an Allerheiligen ein Ballett mit 50 ausgesuchten Kurtisanen. Wie durch ein Wunder entging Alexander der Syphilis, einer Krankheit, die sich damals auszubreiten begann, was möglicherweise mit der Entdeckung Amerikas zusammenhing[77], und die auch Alexanders Sohn Cesare Borgia ergriff.

Die Opposition gegen den Papst sammelte sich um den Kardinal Giuliano della Rovere, den späteren Papst Julius II., der 1494 den Vatikan verließ und sich am Hof des Königs von Frankreichs niederließ. König Karl VIII. (1470–1498) unternahm 1494 einen Feldzug nach Italien, um den französischen Ansprüchen in Italien Geltung zu verschaffen. König Ferdinand I. von Neapel (1423–1494), auch Ferrante genannt, war ein unehelicher Sohn von Alfons V. von Aragón, der 1421 den Thron von Neapel usurpiert hatte. Ferdinand war ein energischer und erfolgreicher Politiker, dem es nicht zuletzt durch eine geschickte Heiratspolitik gelang, seine Ansprüche in Neapel gegen den Thronprätendenten Renés von Anjou durchzusetzen und seine Machtposition im Königreich Neapel zunehmend zu festigen. Nach Ferdinands Tod am 25. Januar 1494 meldete Karl VIII. die Ansprüche des französischen Hauses Anjou auf den neapolitanischen Thron an. Er bereitete den Feldzug durch Verträge mit dem englischen König Heinrich VIII., Ferdinand II. von Aragón und Kaiser Maximilian I. diplomatisch geschickt vor. Dann marschierte er im September 1494 mit einem gut gerüsteten Heer und schwerem Belagerungsgerät nach Italien.

Savonarola hatte 1494 vor einem stetig wachsenden Publikum gepredigt und mehrfach von einem »neuen Kyros« gesprochen, der in das sündige Italien einfallen werde, wo ihm die an irdischen Gütern reichen Städte wie reife Früchte in den Schoß fallen würden. (Der Perserkönig Kyros der Jüngere hatte im 4. Jahrhundert den Griechen arg zugesetzt. Xenophon hat seinen Feldzug in seinem Werk »Anabasis« beschrieben.) In der Gestalt von Karl VIII. schienen sich Savonarolas Prophezeiungen zu erfüllen, was das Ansehen des Bußpredigers weiter steigerte.

Abb. 12: Porträt Karls VIII., nach einer zeitgenössischen Miniatur

Piero de' Medici war der Situation in keiner Weise gewachsen. Zunächst verweigerte er den Franzosen den Durchzug. Daraufhin ließ Karl VIII. die florentinischen Gesandten aus Frankreich ausweisen und die Niederlassung der Medici-Bank in Lyon schließen. Er wollte den Eindruck erwecken, sein Vorgehen richte sich nicht gegen Florenz, sondern nur gegen die Medici, deren angeschlagene Position dadurch natürlich weiter geschwächt wurde. Schließlich ließ Karl die florentinische Festung Sarzana, in der Nähe von La Spezia angreifen, die bald erobert war. Die Belagerung hatte Piero nicht angefochten: »Trotz sehr großer Gefahren für die Stadt und auch für sich selbst, hatte er den ganzen Tag auf der Straße verbracht und in der Öffentlichkeit Ball gespielt.«[78]

Als Piero vom Fall der Festung erfuhr, verlor er vollends den Kopf. Er hatte sich immer sehr für Ringen und Boxen interessiert, aber nie so recht für Diplomatie oder Politik. Nun suchte er es seinem Vater gleichzutun und begab sich ins Hauptquartier des Gegners. Doch dort beugte er sich ohne Zögern jeder Forderung der Franzosen. Er gab die Festungen Sarzana, Sarzanella und Pietrasanta preis. Die Städte Pisa und Livorno wollte Karl VIII. als Pfand bis zur Beendigung seines Feldzuges erhalten, den Florenz mit 200.000 Florin unterstützen sollte. Dies alles rief bei den Florentinern größten Unmut hervor, der sich noch steigerte, als die Franzosen begannen, in der Stadt zahlreiche Häuser für Einquartierungen zu beschlagnahmen. Nachdem der Herr der Stadt so offenkundig versagt hatte, benannte der Rat der 70 eine Fünferkommission für Verhandlungen mit dem französischen König. Eines ihrer Mitglieder würdigt Landucci besonders: »Und am 5. November 1494 ernannte man hier fünf Gesandte, von welchen einer Fra Girolamo war, Prediger vom Orden des hl. Dominicus, Bewohner von San Marco, dem Vaterland nach ein Ferrarese, von dem wir glauben, er sei ein Prophet, und er leugnet es nicht in seinen Predigten, sondern sagt immer im Auftrag Gottes, und er weissagt viele Dinge.«[79] Die Delegation wurde mit einem Geleitbrief an König Karl und einem Instruktionsschreiben ausgestattet, in dem es hieß: »Nachdem ihr den Geleitbrief vorgezeigt und die üblichen Höflichkeitsfloskeln hinter euch gebracht habt, kommt ihr zur Sache und bemüht euch, alle seine annehmbaren Forderungen zu erfüllen, soweit euch das für unsere Stadt möglich erscheint. Wir geben euch in dieser Sache unbegrenzte und absolute Vollmacht, zu tun und zu sagen, was euch nötig erscheint für das Wohl dieser Stadt.«[80]

Abb. 13: Karl VIII. und sein Hof, zeitgenössischer Holzschnitt

Am 8. November kehrte Piero von König Karl nach Florenz zurück und war ernsthaft überrascht, dass die *Signoria* seinen Bericht ohne jede Begeisterung aufnahm. Die Franzosen begannen inzwischen, sich in der Stadt einzurichten. Piero ahnte noch immer nichts. In seinem Palast angekommen, »warf er Konfetti hinaus und spendete dem Volk ziemlich viel Wein, um es sich gut gesinnt zu machen«[81]. Doch das half nichts mehr. Am nächsten Morgen, als er beim Palazzo Vecchio ankam, bedeutete man ihm, er solle allein und unbewaffnet durch eine Seitentür hereinkommen. Doch selbst Piero begriff, was das bedeutete, und er machte wieder kehrt. Am Abend machte er sich in Begleitung bewaffneter Knechte noch einmal auf den Weg, kam aber nicht weit. Luca Landucci hat geschildert, was folgte: »Indessen begannen sich dort Leute zu sammeln, und bald darauf fing man an, im Palast *Popolo e libertà* [Volk und Freiheit] zu schreien und zum Parlament zu läuten und auch aus den Fenstern *Popolo e libertà* zu rufen. Und keine Stunde verging, so waren die Bannerträger aller Stadtviertel und alle Bürger auf dem Platz. Es war die Piazza ganz voller Waffen, mit ungeheurem Geschrei.« Piero versuchte, seine Bewaffneten zu sammeln. Auch einige Bürger hielten ihm die Treue, eilten gerüstet herbei und riefen

Palle, die Losung der Medici, doch allzu viele waren es nicht. Selbst sein Bruder versuchte, sich von ihm loszusagen: »Indessen verließ der Kardinal, sein Bruder, das Haus, mit vielem Fußvolk und mit jenen Bürgern, die sich dort befanden, und kam den Corso herab, *Popolo e libertà* rufend, wie die anderen, indem er zeigen wollte, dass er sich von Piero trenne. Und als Wirkung wendete sich die Piazza wider ihn, ihm die Spitzen der Waffen weisend, und mit großem Geschrei; nannten ihn Verräter und wollten ihn nicht annehmen. Er kehrte wieder um, nicht ohne Gefahr. Und augenblicklich erging ein Befehl, jeder Fremde solle die Waffen niederlegen, bei Strafe des Galgens ... Und da sahst du Piero de' Medici wohl von manchen verlassen, die die Waffen niederlegten, weshalb besagter Piero die Piazza verließ und sich gegen die Porta a San Gallo begab, welches Tor er von Giuliano, seinem Bruder, nebst vielen Knechten von außen hatte offen halten lassen. ... Der arme Kardinal, so jung, blieb daheim, und ich sah ihn an seinem Fenster, mit gefalteten Händen auf den Knien liegen, um sich Gott zu empfehlen... Und da er Piero die Stadt verlassen sah, verkleidete er sich, wie man sagte, als Klosterbruder, und er ging auf und davon. Und um diese Zeit schickten sie einen Erlass auf die Piazza, wer Piero de' Medici töte, solle 2.000 Dukaten gewinnen, und wer den Kardinal umbringe, solle 1.000 erhalten.«[82]

Historiker, die den Medici gewogen sind, wie z.B. Marcel Brion oder James Cleugh, sehen mit einer gewissen Berechtigung Pieros Hauptfehler darin, dass ihm jede Neigung und jedes Talent zur Beschäftigung mit Politik fehlten. So musste er nach nur zweieinhalb Jahren Herrschaft, soweit von einer solchen zu sprechen ist, seine Heimatstadt unter wenig rühmlichen Umständen verlassen. Der Palast der Medici wurde geplündert, ebenso ihr Landsitz in Careggi. Die Biblioteca Laurenziana, die Cosimo de' Medici begründet hatte, wurde von der *Signoria* konfisziert; sie kam in den Besitz des Konvents von San Marco, dessen Prior Savonarola war. Die Gegner der Medici, allen voran die Familie der Pazzi, kamen aus der Verbannung zurück. Piero de' Medici brachte währenddessen seine Zeit damit zu, einen glücklosen Versuch nach dem anderen zu unternehmen, um Florenz zurückzugewinnen.

Savonarola hielt sich noch im Lager der Franzosen auf, als Piero gestürzt wurde. Karl VIII. empfing Savonarola mit großer Ehrerbietung. Er hatte von dem heiligmäßigen Leben des Berufspredigers mit der prophetischen Gabe gehört. Der Mönch begrüßte ihn als einen Gesandten Gottes, der gekommen sei, die italienischen Staaten zur Rechenschaft zu ziehen und die Kirche von ihrem lasterhaften Weg der Verweltlichung zurückzuführen auf den Pfad christlicher Demut und Tugend. Daher flehte Savonarola darum, Florenz doch zu schonen. Karl VIII. war beeindruckt, er empfing den Dominikaner zu einer längeren Privataudienz, aber bindende Zusagen hat er wohl trotzdem bei dieser Gelegenheit nicht gemacht.

Am 17. November schließlich erreichte Karl VIII. Florenz. Auf Anraten Savonarolas öffnete man ihm die Tore der Stadt. Das gewaltigste Heer, das die Florentiner je gesehen hatten, zog nun in ihre Stadt ein. Der König nahm im Palast der Medici Quartier. Am nächsten Tag begannen die Verhandlungen mit den Vertretern der Stadt. Nach einigem Hin und Her einigte man sich auf das, was den Florentinern schon immer am liebsten gewesen war, auf Subsidienzahlungen. Mit finanziellen Mitteln ließen sich viele diplomatische Probleme lösen. Außerdem sollte die Stadt ihr politisches Schicksal mit dem des französischen Königs verbinden. Die von Piero de' Medici leichtfertig ausgelieferten Festungen wurden zurückgegeben. Am 27. November verließ der französische König Florenz wieder und marschierte mit seinem Heer, das etliche von den Medici bei ihrer Flucht zurückgelassene Schätze im Gepäck hatte, ohne auf Widerstand zu treffen, nach Neapel, wo er drei Monate später Einzug hielt.

Im Jahre 1491 war Savonarola Prior des Klosters von San Marco geworden. Wie jeder Mönchsorden, fasste auch der Dominikanerorden seine Klöster zu Kongregationen zusammen. San Marco gehörte damals zur lombardischen Kongregation, mit dem Hauptsitz in Mailand. Das war natürlich nicht unproblematisch, da die Städte Florenz und Mailand politisch alte Rivalen waren. Das Kloster von San Marco hatte schon geraume Zeit versucht, die lombardische Kongregation zu verlassen. Nach massiven Interventionen von Piero de' Medici zugunsten dieses Vorhabens genehmigte der Papst 1493 eine eigene toskanische Kongregation, der sich auch die Klöster von Fiesole, Prato, Sasso und Pisa anschlossen. Piero sah in dieser Verselbständigung der toskanischen Dominikaner natürlich eine Stärkung seiner Stellung gegenüber dem alten Rivalen Mailand. Als Generalvikar der neuen Kongregation setzte der Papst Savonarola ein, der auf diese Weise für kurze Zeit zum Subjekt der mediceischen Außenpolitik wurde.

Inzwischen war Savonarola nicht mehr nur Prior. Er genoss hohes Ansehen in der Stadt und war, auch ohne ein Amt zu bekleiden, zu einer zentralen Figur der Florentiner Politik geworden. Wenn die Stadt jüngst so ungeschoren davon gekommen war, dann war das vor allem sein Verdienst. Bald nach dem Abzug des französischen Königs wurde

Abb. 14: Bibliothek von San Marco in Florenz

eine Volksversammlung abgehalten, die die Grundlage für die Neuordnung der Verhältnisse war: »Und am 2. Dezember 1494, Dienstag, hielt man Parlament ab, auf der Piazza della Signoria, ungefähr um 22 Uhr, und es kamen auf die Piazza alle Banner, von denen jedes alle seine Bürger hinter sich hatte, ohne Waffen. Nur an die Mündungen der Piazza wurden ziemlich viele Bewaffnete hinbefohlen; und man verlas viele Dinge und Statuten, die mehrere geschriebene Blätter ausmachten. Und erst befragte man das Volk, ob auf der Piazza zwei Drittel der Bürger beisammen seien. Wurde von den Umstehenden geantwortet, dass ja. Hierauf begann man zu lesen: und sie sagten in bemeldeten Kapiteln, dass sie alle Gesetze vom Jahre 1434 ab für ungültig erklärten und die Siebzig und die Zehn und *Otto di Balia* aufhoben ...«[83] Die von den Medici geschaffenen Herrschaftsinstrumente waren aufgelöst, doch an der Struktur der Verfassung hatte sich wenig geändert. Am nächsten Tag wurden 20 *accoppiatori* gewählt, die anstelle der aufgelösten Gremien neue bildeten, die sich von den alten nur darin unterschieden, dass in ihnen neue Gesichter saßen. Erschwerend kam noch hinzu, dass die *accoppiatori* ganz überwiegend Männer des alten Regimes waren; es war sogar ein Angehöriger der Familie Medici darunter. So war also trotz äußerlicher Neuordnung noch nicht allzu viel erreicht und es ist kein Wunder, dass sich in der Stadt nicht gerade Begeisterung breit machte.

Am Tag darauf kam eine Gesandtschaft aus Mailand, um den Florentinern zur wieder gewonnenen Freiheit zu gratulieren. Und für Sonntag rief Savonarola zu einem Almosen: »Und am 7., Samstag, predigte der Bruder Girolamo und ordnete ein Almosen an für die verschämten Armen ..., das am folgenden Tage, Sonntag, gegeben wurde. Und es war so groß, dass man es nicht abschätzen konnte, Gold und Silber, Woll- und Leinenzeug, Seide und Perlen und anderes: jeder überreichte es mit großer Liebe und Barmherzigkeit.«[84] Savonarola ließ die Florentiner unterdessen nicht zur Ruhe kommen. Schon für den nächsten Tag ordnete er ein neues Almosen an und eine Prozession: »Es wurde eine sehr wunderbare Prozession, mit einer solchen Anzahl von Männern und Frauen höchsten Ansehens und mit solcher Ordnung und solchem Gehorsam gegen den Frate«[85]. Savonarola war mit Geschick und Entschlossenheit in das von den Medici hinterlassene Machtvakuum gestoßen. Der Umstand, dass der kleine Bettelmönch es vermocht hatte, die Bühne der politisch Etablierten zu besteigen, blieb nicht ohne Auswirkungen auf den Stil seiner Predigten.

Hatte Savonarola früher immer nur den Verfall der Sitten beklagt, die Verweltlichung der Kunst, Genusssucht und Sodomie, so nahm er nun, im Grundsatz jedenfalls, einen proflorentinischen Standpunkt ein. Er prophezeite der Stadt größeren Reichtum und größeren Ruhm, als sie je gehabt hatte, wenn ihre Bürger nur Reue zeigen und Buße tun wollten. Im Sturz der Medici hatten viele das Eintreffen von Prophezeiungen Savonarolas gesehen. Auch dass Karl VIII. von Frankreich mit seinem Heer wieder abgezogen war, schrieb man seinem Einfluss zu. Er erschien so als Friedensstifter, was sein stetig gewachsenes Ansehen noch steigerte. Gleichzeitig erklärte er die Versöhnung aller Bürger zur Voraussetzung für die religiöse und sittliche Erneuerung. Dieses Predigen von der Einheit weist Savonarola aus als Repräsentanten einer ideologisch begründeten Befriedung der Gesellschaft.

Abb. 15: Die Zelle Savonarolas, Aufnahme aus dem 20. Jh. Links an der Wand das Porträt von Fran Bartolommeo.

Schon vor Savonarola war das Eintreten für den Ausgleich der Gegensätze der wichtigste Topos der Predigt der Bettelmönche gewesen. Bernhard von Siena sagte z. B. Folgendes: »Woher kommen denn die Menschenschlächtereien, Ehebrüche und Hurereien, das Niederbrennen der Häuser, die Verbannungsbefehle, das gegenseitige Instückeschneiden, die

Diebereien? Alle diese Übel haben eine Wurzel: eure Parteiungen.«[86] Savonarola predigte jetzt den Florentinern: »Du willst den Frieden nicht, weil du ein schlechter Mensch bist; wärst du ein guter Mensch, würdest du den Frieden herbeisehnen und die Einheit deiner Stadt.«[87]

Savonarola, der fast über Nacht zum öffentlichen Gewissen von Florenz geworden war, predigte nun täglich im Dom. Am 14. Dezember »bemühte sich der Bruder Girolamo auf der Kanzel sehr, dass die Florentiner eine gute Form der Regierung annähmen«[88]. Nach der Vertreibung der Medici und den ersten Erfolgen war nichts mehr vorangegangen. Savonarola nahm in dieser Predigt am dritten Adventssonntag erstmals selbst zur Frage einer neuen Verfassung Stellung: »Da der Mensch ein soziales Wesen ist und nicht allein zu leben vermag, ist es notwendig, dass die Menschen – sei es in Städten, Burgen oder Dörfern – Vereinigungen bilden für die gemeinsamen Bedürfnisse des einen wie des anderen ... Jedes Volk und jeder Platz brauchen eine Regierung, und diese Regierungen sind unterschieden in vielen Arten. Die einen regieren sich durch einen Herrscher, andere durch mehrere Personen, wieder andere durch das gesamte Volk. Das Regiment eines Herrschers ist die beste aller Formen, wenn es ein guter Herrscher ist.«[89]

Savonarola fügte hinzu, das Regiment eines Herrschers sei nicht nur die beste Regierungsform, sondern auch am einfachsten zu handhaben. Dann fuhr er fort: »In der heißen Hemisphäre sind die Menschen kleinmütig, weil sie nur wenig Blut haben; deshalb lassen sie sich leicht von einem Einzigen beherrschen. Im kalten Norden dagegen haben die Menschen zwar reichlich Blut, aber wenig Verstand; deswegen sind sie ebenfalls Einzelnen unterworfen. In der mittleren Region aber, wie z. B. Italien, haben die Menschen sowohl reichlich Blut als auch Verstand. Sie ertragen daher die Herrschaft eines Einzelnen nur mit Mühe; jeder möchte selbst an der Spitze stehen und die anderen beherrschen. Es gibt großen Streit und Zwietracht zwischen den Bürgern der Stadt, wenn einer groß sein und die anderen dominieren möchte. ... Deshalb ist an solchen Orten die Herrschaft mehrerer besser als die eines Einzelnen. Und am allermeisten trifft dies auf Florenz zu.«[90]

Schließlich sprach Savonarola die Stadt direkt an: »O Florenz, ich kann dir nicht alles sagen, was ich fühle, weil du im Moment noch nicht bereit bist, es zu ertragen. O, wenn ich dir nur alles sagen könnte. Sieh, dass ich wie ein neuer Krug bin, voll des Mostes, aber verschlossen. Viele Geheimnisse sind in mir eingeschlossen, die nicht herauskönnen, vor allem weil du sie nicht glauben würdest. ... Begreife Florenz, was ich dir heute sage; begreife, dass Gott es mir eingegeben hat. Ich vertraue nur auf Christus, in dessen Name ich dir sage: Tu, was gut für dich sein wird, wenn du es tust. Tu, sage ich dir, vor allem zwei Dinge, die ich dir schon oft gesagt habe, nämlich jeder soll beichten und sich von den Sünden reinigen, und alle sollen ihre Aufmerksamkeit auf eine gute Regierung der Stadt richten. Wenn ihr das tut, wird eure Stadt glorreich sein. Und Florenz wird reicher und mächtiger sein, als es je war, und seine Herrschaft auf viele Orte ausdehnen. Aber, wenn du nicht tust, was ich dir sage, wird Gott jene wählen, die deine Entzweiung wollen, und das wird deine endgültige Zerstörung sein.«[91]

Nach dieser Einleitung, die typisch für Savonarolas Predigtstil ist, besonders das direkte Ansprechen der Stadt, entwickelte er ein Programm. Seine erste Forderung war, wie stets, dass die Bürger umfassende Reue zeigen sollten und in Zukunft nicht wieder zur Sünde zurückkehren dürften. Zum zweiten müsse alles beseitigt werden, was gegen die Verehrung Gottes sei. Sodann verlangte Savonarola ein Gesetz gegen das »verfluchte Laster der Sodomie«: »Mach ein Gesetz, sage ich, das ohne Erbarmen ist, d. h. dass solche Leute gesteinigt und verbrannt werden.«[92] Schließlich forderte er das Verbot bestimmter Dichtungen und Spiele sowie unzüchtiger Frauenkleider und die Schließung gewisser »Spelunken«.

Savonarola beschloss seine Predigt mit einem konkreten Verfahrensvorschlag: »Die Bürger sollen zusammenkommen, jeder zu seinem Bannerträger, und beraten und prüfen, welche Form ihnen am besten erscheint für eure Regierung. Und jeder Bannerträger nimmt den Vorschlag, den er mit seinen Bürgern beraten hat; so haben wir 16 Vorschläge. Dann kommen die besagten Bannerträger zusammen und nehmen vier Vorschläge heraus, die ihnen am besten und stabilsten erscheinen, und bringen sie zur erlauchten *Signoria*. Und dann ... wählen die einen aus den vieren aus. Und seid sicher, dass der Vorschlag, der ausgewählt werden wird, von Gott sein wird.«[93]

Savonarolas Einfluss war damals außerordentlich groß. Bei seiner Predigt waren »alle Beamten von Florenz«[94] anwesend, Frauen dagegen war der Zutritt verwehrt[95], denn der Dominikaner war der festen Überzeugung, dass sie mindere Wesen seien. Die Florentiner setzten seinen Verfahrensvorschlag schon bald in die Tat um. Fünf Tage später trugen die Bannerträger ihre Vorschläge zum Palast der *Signoria* und nach einer Woche hatte die Stadt eine neue Verfassung.

Diese neue Verfassung, die die der Republik Venedig zum Vorbild hatte[96], sah als wichtigste Neuerung einen *Consiglio Maggiore* (Großen Rat) vor. Dieser Rat sollte die Beteiligung einer großen Zahl von Bürgern am politischen Geschäft sicherstellen. Mitglied war deshalb jeder,

der selbst oder dessen Vater, Großvater oder Urgroßvater in einem der drei höchsten Ämter gesessen hatte oder dafür gewählt worden war[97]. Das Mindestalter für die Ratsmitgliedschaft betrug 29 Jahre. Für den Fall, dass die Zahl der Ratsfähigen auf 1.500 anschwoll, sollte der *Consiglio Maggiore* in Drittel geteilt werden, die je sechs Monate tagten. Daher hat wohl der *Salone dei Cinquecento* (Saal der Fünfhundert) im ersten Stock des Palazzo Vecchio seinen Namen. Er wurde in dieser Zeit errichtet, da sich in Florenz kein Saal finden ließ, der groß genug war, den neuen Rat aufzunehmen. Am 25. Februar 1496 wurde der *Salone dei Cinquecento* mit einer feierlichen Messe eingeweiht[98]. Tatsächlich hatte auch ein Drittel des Rates weit mehr als 500 Mitglieder. Als der *Consiglio Maggiore* Ende des Jahres 1494 erstmals zusammentrat, stellte sich heraus, dass die Zahl der Ratsfähigen mehr als 3.000 betrug. Nach wenigen Monaten gab man das Prinzip der Drittelung auf und setzte stattdessen fest, dass der Rat beschlussfähig sei, wenn mindestens 1.000 Mitglieder anwesend waren.

Im Gegensatz zu den aufgelösten Räten der Hundert und der Siebzig dominierte in dieser Riesenversammlung nun der Mittelstand, der in der Vergangenheit Savonarola innerhalb der Stadtgesellschaft den meisten Rückhalt gegeben hatte. Schon angesichts der großen Mitgliederzahl überwogen im *Consiglio Maggiore* Handwerker, Kaufleute, Ladenbesitzer, kleine Beamte usw. Zum ersten Mal seit sechzig Jahren hatten diese Leute ein politisches Instrument für ihre Opposition gegen die herrschende Oligarchie aus Großbürgertum und mediceischen Günstlingen in der Hand. Allzu oft konnte der *Consiglio Maggiore* natürlich nicht zusammentreten, weil sonst das wirtschaftliche Leben der Stadt in kurzer Zeit zusammengebrochen wäre. Immerhin besetzte der Rat die höheren Ämter, hatte aber aus seiner Mitte einen Rat der Achtzig zu wählen, der zusammen mit der *Signoria* die eigentliche politische Arbeit machte.

Wie bei so vielen Umstürzen wurden also die politischen Institutionen reformiert, die Administration aber blieb weitgehend unbehelligt. Die Finanzverwaltung z. B. lag vor und nach 1494 im Großen und Ganzen in denselben Händen. Denn die großen Kaufleute und Bankiers und ihre Manager, die sich dort zu ihrem Vorteil eingerichtet hatten, verfügten über Sachverstand und Erfahrung und waren vorderhand kaum zu ersetzen. Der Mittelstand, der vor allem die Last der indirekten Steuern trug, hatte aber nun ein Forum in Gestalt des *Consiglio Maggiore*. Schon am 4. Februar 1495 wurde dort eine neue Steuer beschlossen, die *Decima*, die immobiles Vermögen betraf, d. h. Grundbesitz und Renten. Diese Steuer sollte die Großen treffen, war aber zu schwerfällig für eine rasche Geldbeschaffung; die Erträge blieben zunächst unbefriedigend. Deswegen war auch das neue Regime genötigt, zu erzwungenen Anleihen Zuflucht zu nehmen. Schon am 13. Januar 1495 war eine Anleihe von 100.000 Florin aufgelegt worden, was allgemeine Bestürzung ausgelöst hatte: »Jedermann sagte: ›So kann es nicht bleiben; die Armen, die nur von der Handarbeit leben, werden Hungers sterben.‹«[99] Doch schon im November war die Stadt wieder in solcher Geldverlegenheit, dass sogar eine Anleihe von 200.000 Florin notwendig erschien, die die Räte nur mit »größten Schwierigkeiten« passierte[100]. Die Mitglieder der *Signoria* mussten drei Nächte lang auf den *Consiglio Maggiore* einreden, bevor sie die notwendige Zustimmung erhielten. Wenn wir hören, dass diese Sitzungen sechs bis sieben Stunden dauerten, so ist zu bedenken, dass der *Consiglio* kein Parlament im eigentlichen Sinne war. Er durfte nur über Vorlagen der *Signoria* abstimmen und sprechen durfte nur, wer für die Vorlage war.

Sobald das formale Verfassungsgerüst geschaffen war, widmete Savonarola sich wieder seinen eigentlichen Themen. Noch am 29. Dezember des Jahres 1494 wurde ein Gesetz gegen das »unaussprechliche Laster« verabschiedet. Es hatte folgenden Wortlaut: »Jede Person, untergeben oder nicht untergeben, jedweden Standes, Ranges oder Klasse, sei sie männlich oder weiblich, mindestens 18 Jahre alt, wohnhaft in der Stadt, Distrikt oder Republik von Florenz, die überführt wird, dass sie freiwillig die Sünde der Sodomie begangen hat, wird folgendermaßen bestraft: Beim ersten Mal wird der Betreffende festgenommen im Auftrag einer der zuständigen Behörden und von Amtsdienern zum Pranger geführt. Dort wird er mit den Händen nach hinten festgebunden und steht mindestens eine Stunde auf dem Pranger. Danach wird er innerhalb von 23 Stunden in seine Freiheit entlassen. Außerdem verliert er jegliches öffentliche Amt und alle Ehrungen der Stadt und Republik von Florenz, und zwar solange, bis der *Consiglio Maggiore* ihn mit Zweidrittelmehrheit rehabilitiert hat. Für den Fall, dass einer zum zweiten Mal einer solchen Sünde verfällt, wird er von den Amtsdienern über alle öffentlichen Plätze geführt, mit auf den Rücken gebundenen Händen, bis zum Mercato Vecchio. Dort wird er an die Säule gesiegelt und mit dem Stadtwappen mitten auf der Stirn gebrandmarkt. Aller öffentlichen Ämter geht er verlustig, wie oben beschrieben. Beim dritten Mal wird er durch alle öffentlichen und besuchten Orte geführt und schließlich dorthin, wo er diesen Exzess begangen hat. Dort wird er innerhalb von 23 Stunden gerichtet mit dem Feuer, bis zum Tode einschließlich.«[101]

Abb. 16: Sandro Botticelli, Kreuzigung mit Maria Magdalena als Büßerin und Engel, ca. 1497/98. Das Gemälde wurde von einem Anhänger Savonarolas in Auftrag gegeben und ist von dessen Predigten beeinflusst. Im Hintergrund ist Florenz zu sehen. Maria Magdalena symbolisiert Florenz, das Tier, das aus ihrem Umhang entfleucht, verkörpert das Böse. Das Tier, das der Engel in der Hand hält und züchtigt, wurde verschiedentlich als marzocco interpretiert, der Löwe, der Florenz symbolisiert.

Dieses Dreistufenmodell blieb in den folgenden Jahren im Wesentlichen unverändert. Für die Betuchteren wurde bald eine Erleichterung gewährt. Sie konnten sich, beim ersten Mal wenigstens, vom Pranger freikaufen. Das war gar nicht im Sinne Savonarolas und im Dezember 1495 wurden die Bestimmungen wieder verschärft. Zuvor hatte er gepredigt: »Schafft Gerechtigkeit gegen dieses verfluchte Laster wider die Natur; straft nicht mit Geldbußen und auch nicht hinter verschlossenen Türen, sondern macht ein Feuer, von dem ganz Italien spricht!«[102]

Anfang 1497 erließ eine *Signoria* unter Francesco Valori, einem glühenden Anhänger Savonarolas, noch schärfere Bestimmungen, um »die Schuldigen in größeren Schrecken zu versetzen« *(dare maggiore terrore ai delinquenti)*[103] Für die ersten vier Monate dieses Jahres sind die Akten von 42 Verurteilungen erhalten. Sie betrafen ausschließlich Männer. Die meisten gingen auf Denunziationen zurück, zu denen die Bestimmung anregte, dass der Denunziant ein Viertel der Geldbuße erhielt. Schon in der Zeit vor Savonarola war Homosexualität verfolgt worden. Es gab eine eigene Behörde, die *Sei Ufficiali di Notte*, die sechs Beamten der Nacht, »um die Sodomie zu unterdrücken«[104]. 1443 wurden diese Sechs mit den Aufsehern über die Klöster zu einer Behörde vereinigt, den *Ufficiali di Notte e dei Monasteri*. Unter Savonarola waren neben diesen *Ufficiali* noch weitere Behörden für die Verfolgung der Homosexualität zuständig.

Die Homosexualität war damals weit verbreitet, besonders in Italien und hier vor allem in Neapel, Florenz und Siena, wenn man den Bettelmönchen glauben will, die sich nahezu ununterbrochen mit diesem Thema beschäftigten. Bernhard von Siena z. B. ließ sich so vernehmen: »Ist's denn nicht Wahnsinn, keine Kinder haben zu wollen? Verblendeter, siehst du nicht ein, dass du gegen alle natürliche Pflicht und Ordnung handelst? ... Wie machst es aber du, verteufelter Sodomit? Es ist gerade, wie wenn du zu Gott sagtest: Ich will dir trotzen, ich will, dass nicht ein einziges geboren werde. ... Rache, Rache! rufen die Kinder, die nicht zur Welt kommen dürften. Gerechter Gott, übe Vergeltung an unseren Vätern auf Erden, für uns, die wir wären geboren worden und durch ihre Schuld nicht zur Welt gekommen sind.«[105] Ob Rache ein so besonders christliches Motiv ist, mag dahingestellt bleiben. Und auch, ob gerade zölibatär lebende Mönche berufene Experten für das Kinderkriegen waren.

Unter Sodomie wurde damals vor allem Homosexualität verstanden. Es gab auch Sexualität mit Tieren, etwa Pferden oder anderen landwirtschaftlichen Nutztieren, aber das spielte eine bei weitem nicht so große

Rolle. Für Savonarola war Sexualität ganz generell ein negativ besetztes Thema, wobei hier frühe eigene Erfahrungen womöglich eine Rolle spielten. Ganz besonders verhasst aber war ihm die Sodomie. In der griechischen und römischen Antike waren homosexuelle Beziehungen ein integraler Bestandteil des kulturellen Lebens gewesen. Erst im 4. Jahrhundert, mit der Christianisierung des römischen Reiches, wurden sie zum todeswürdigen Verbrechen[106]. Obwohl die christliche Kirche Homosexualität mit unnachsichtiger Grausamkeit verfolgte, dauerte es doch noch fast das ganze Mittelalter, bis die letzten Reste des damit in Zusammenhang stehenden Phalluskultes aus den Kirchen verschwunden waren. Und die Homosexualität selbst war überhaupt nicht auszurotten. Selbst von Piero di Lorenzo de' Medici wird behauptet, er habe ein Verhältnis mit einem spanischen Stallknecht gehabt. Seinen Namen hatte das Übel von der Stadt Sodom, die Gott zusammen mit Gomorra zerstörte, »um die homosexuellen Beziehungen zwischen Menschen und Dämonen und andere sexuelle Perversionen zu bestrafen«[107].

Diktatur Gottes

Auch in Savonarolas Gottesstaat wurde nicht so heiß gegessen, wie gekocht wurde. Das zitierte Gesetz gegen die Homosexualität kam kaum in voller Schärfe zur Anwendung. Bei den 42 Verurteilungen in den ersten vier Monaten des Jahres 1497, von denen wir wissen, ging es fast immer nur um Geldstrafen, was auch aus Sicht der Denunzianten von Vorteil war. Von einer tatsächlich erfolgten Verbrennung ist nichts bekannt. Der unerbittlichen Strenge Savonarolas gegen die Sodomiten stand übrigens eine, zumindest faktische, Duldung der Prostitution gegenüber. Dieses Übel war zu weit verbreitet, als dass es möglich gewesen wäre, es wirksam zu bekämpfen. Hier zeigt sich auch, dass sich der Bußprediger bei allem Willen zum Fanatismus ein realistisches Bild von der Alltagspraxis privater Lebensökonomie bewahrte. Er sparte zwar nicht mit verbalen Kraftakten gegen die Prostituierten, aber er hinderte sie »mit Rücksicht auf das öffentliche Wohl«[108] nicht daran, ihrem Beruf nachzugehen.

Nachdem Savonarola im Verein mit dem von den Medici entrechteten Mittelstand die Verfassungsverhältnisse neu geordnet hatte, widmete er sich nun ganz seiner eigentlichen Sendung, der »religiössittlichen Erneuerung«[109]. Er forderte von den Florentinern, die politischen Geschäfte dem Primat der Religion unterzuordnen. Hatte er in ihrem Sinne gegen den medicischen Tyrann gepredigt, so sollten sie nun mithelfen, im Sinne christlicher Demut die Reichen von ihrer jenseitsvergessenen Lebenslust abzubringen und die Armen mit ihrer irdischen Armut zu versöhnen. Gott sollte anstatt der Medici die Position des Herrschers einnehmen. Und durch Savonarola tat er seine Weisungen kund. Schnitzer formuliert es so: »Hand in Hand mit der staatlichen ging die religiös-sittliche Erneuerung. In denselben Predigten rief der Frate zur einen wie zur anderen auf, überzeugt, dass nur ein guter Christ ein guter Bürger sein und lediglich die christliche Liebe den festen Kitt bilden könne, der die Bürger zu jener Eintracht verbinde, welche die unerlässliche Voraussetzung alles staatlichen wie bürgerlichen Gedeihens sei, wie umgekehrt ein wohlgeordnetes Staatswesen die unumgängliche Vorbedingung alles religiös-sittlichen Aufschwungs bietet. Die Wurzel allen Verderbens lag ihm in der Verdrängung echter, aufs Ewige gerichteten christlichen Gesinnung durch die nur auf sinnlichen Genuss und äußeren Erfolg und Gewinn bedachte altheidnische Denkart und Lebensweise.«[110]

Der Verweis auf »altheidnische Denkart« soll wohl suggerieren, dass die Verantwortung für die gegenwärtigen Verfalls- und Entartungserscheinungen nicht die katholische Kirche traf. Gepredigt wurde Gottesfurcht, Reue und Demut. Die Pflege der christlichen Einfalt, Thema eines seiner Bücher, erhob Savonarola zur unbedingten Pflicht. Sie stand gegen die Realität unkontrollierter Lebensäußerungen wie Spielwut, Putzsucht, Gotteslästerungen und geschlechtlicher Ausschweifungen, gegen die Savonarola unverdrossen predigte. Als Kulmination unwillkürlicher Sinnenhaftigkeit erschien der Sexualtrieb. Für die Männer der Kirche war Sexualität in der Theorie völlig tabu. Beim Eintritt ins Kloster wurde ihnen der Haarwirbel rasiert. Frauenkleidung (Mönchskutte) und Tonsur waren Symbole der Kastration[111]. Die christliche Kirche tendierte dazu, in jeder sexuellen Betätigung eine Ausschweifung zu sehen. Selbst Eheleuten wurde der Geschlechtsverkehr an bestimmten Feiertagen untersagt, und diese Zeiträume wurden mit Hilfe von Vor- und Nachfristen und zusätzlichen Tagen ständig ausgedehnt[112].

Die Bußprediger, selbst zur Enthaltsamkeit verpflichtet, machten sexuelle Ausschweifungen zu einem bevorzugten Thema. Und wenn wir mittelalterliche Beichtspiegel lesen, gewinnen wir den Eindruck, dass manche Beichtväter sich am liebsten mit dem Thema Sexualität beschäftigt haben. Dies allerdings auch in einem ganz anderen Sinne des Wortes. Konzilien, Wallfahrtsrouten und viele Klöster waren oftmals Orte der Prostitution. Joseph Schnitzer beschreibt die Verhältnisse zur Zeit Savonarolas ziemlich unverblümt: »Die Zuchtlosigkeit des hohen und niederen Klerus schreit zum Himmel. ... Obschon sie den Leib des Herrn täglich genießen, so werden die Geistlichen doch immer noch schlechter statt besser, der sicherste Beweis, dass sie ihn unwürdig empfangen. Da sie sich nicht schämen, selbst öffentlich zu sündigen und sich in den Augen der Gläubigen herabzuwürdigen, so haben sie alles Ansehen eingebüßt und werden vielfach wie Knechte gehalten. Sie schwätzen den Leuten das Geld ab und überreden sie zu Vermächtnissen an die Kirche, obschon doch das irdische Gut in erster Linie für die Weltleute da ist. Sie treiben sich in den Kneipen herum und huldigen mit ihren Bauern dem Spiele. Sie nehmen Mädchen zum Tanze mit auf ihr Zimmer, verbringen die Nächte mit schlechten Weibern und Buben, treten aber am Morgen gleichwohl zum Altar des Herrn. Sie sind dem sodomitischen Laster ergeben, vergewaltigen Frauen und Mägde, ja sogar Kinder. ... Statt gefallene Seelen aufzurichten, befestigen sie diese noch in der Sünde. Andere lesen die Messen nur halb, lassen die Wandlung aus oder vertauschen den Wein mit Wasser.«[113]

Hier mit dem eisernen Besen auszukehren, war Savonarola angetreten. Er legte dabei die äußerste Brutalität an den Tag, jedenfalls auf der Ebene der Rhetorik. So forderte er, dass jeder, der sich öffentlich dem Spiel hingab, lebendig zu verbrennen sei[114]. Als sich daraufhin die Florentiner mit ihren Würfeln und Karten in ihre Häuser zurückzogen, schlug Savonarola vor, allen Sklavinnen, die ihre dem Spiel frönenden Herrn anzeigten, die Freiheit zu geben[115]. Dieser Vorschlag einer Erziehung zur Denunziation erwies sich bei näherer Betrachtung als nicht praktikabel. Denn welche Sklavin hätte gezögert, ihren Herrn des Spielens zu bezichtigen, wenn sie dadurch die Freiheit erlangt hätte. Um der Gotteslästerung Einhalt zu gebieten, empfahl Savonarola, allen Gotteslästerern die Zunge zu durchbohren.

Allsonntäglich versammelte der Prediger mehr als 10.000 Menschen zu seinen Donnerreden im Dom. Alle Geschäfte und Läden hatten für diese Zeit zu schließen, damit keiner auf Abwege geraten konnte. In dieser weihrauchgeschwängerten Atmosphäre vermochte Savonarola mit seinen Visionen selbst die Bevölkerung einer Stadt wie Florenz über mehrere Jahre hinweg für sich einzunehmen. Schnitzer schildert das Resultat der religiös-sittlichen Erneuerungsbemühungen: »Auf dem Felde vernahm man keine weltlichen Lieder mehr, sondern nurmehr Lauden und geistliche Gesänge, deren damals eine Menge gedichtet wurden; man sang sie mit größter Freude auch bei der Arbeit in Wechselchören, wie die Mönche ihr Chorgebet zu verrichten pflegen. Sogar Mütter sah man auf der Straße mit ihren Kindern die kirchlichen Tageszeiten wechselweise abbeten. Zuweilen gesellten sich zwanzig bis dreißig Männer und Frauen zu frommer Erbauung in der Stadt oder auf dem Lande zusammen, sie empfingen während der Messe die heilige Kommunion und verbrachten den Tag in Lobgesängen und Psalmen, sei es, dass sie sich vor einem kleinen Jesuskinde oder vor einem Kreuze versammelten, vor dem jemand in einer schönen Ansprache zur Liebe zum Gekreuzigten anfeuerte, sei es, dass sie mit einem Madonnenbilde einen andächtigen Umzug veranstalteten. Die Hochzeiten wurden mit größter Ehrbarkeit und Eingezogenheit gefeiert, ohne viel Aufwand, ohne Tänze, unehrbare Gesänge und musikalische Aufführungen.«[116]

Ein ähnliches Regiment des Schreckens errichtete wenige Jahrzehnte später Calvin in Genf, nachdem er zunächst wegen »zu großer Sittenstrenge« aus der Stadt ausgewiesen worden war. Savonarola und Calvin sind oft verglichen worden und tatsächlich haben sie manches gemeinsam. Savonarolas Apologet Schnitzer war der Meinung, »beide huldigen demselben erhabenen Ideale«, ihr Ziel sei »die sittliche Hebung des

Abb. 17: Am Scheideweg, Holzschnitt aus einer zeitgenössischen Ausgabe der Predigt vom guten Tod. Der Tod stellt den Jüngling vor die Entscheidung, den Weg nach oben (o quasu) zum Himmel oder nach unten (o quagiu) zur Hölle einzuschlagen.

ganz verwahrlosten Volkes durch entschlossene Rückkehr zum reinen Leben der apostolischen Urkirche«[117].Doch das war eine Illusion. Es gab keine Rückkehr zur Urkirche. Das Christentum, ursprünglich vor allem eine Religion der städtischen Unterschichten, hatte längst einen Prozess der Hierarchisierung und Anpassung durchgemacht, der nicht reversibel war. Die Entrechteten wurden auf ein besseres Leben im Jenseits verwiesen. Die soziale Wiedergeburt, im Karneval spielerisch realisiert, fand nun nicht mehr auf Erden statt. Nach der Enttäuschung der Naherwartung in der Urkirche wurde sie durch eine allegorische Bibelinterpretation ins Jenseits eskamotiert. Zu Savonarolas Zeiten war die christliche Kirche längst Teil des weltlichen Herrschaftsapparates geworden. Auf diesem Weg gab es kein Zurück.

Calvin war gegenüber Savonarola insofern im Vorteil, als er nicht mehr Vorläufer, sondern Protagonist einer von protestantischer Ethik und Puritanismus geprägten bürgerlichen Moral war. Calvin war auch nicht Bettelmönch, sondern Jurist. Schnitzer schildert uns sein Regiment in leuchtenden Farben: »Calvin setzte denn auch sein Gottesreich mit Feuer und Schwert und erbarmungslosen Folterqualen durch. Auf einen bloßen Verdacht hin lässt er seine Opfer unmenschlich martern, an Ketten schmieden, mit glühenden Zangen zwicken, am Seile aufziehen, sogar einmauern. In den wenigen Monaten von Februar bis Mai 1545 überantwortete er 34 Personen dem Henkerstode durch das Schwert, durch das Feuer, den Galgen oder die Vierteilung, und der Hinrichtung gehen meist noch grausame Verstümmelungen voraus. Während der vier Jahre seiner unbeschränkten Macht ordnet er 800-900 Verhaftungen, 76 Verbannungen und 58 Todesurteile an. Selbst spielende [!] Kinder überweist er dem Kerker. Das ganze bürgerliche und kirchliche Leben unterwirft er eiserner Zucht. Die Ältesten beobachten den Kaufmann in seinem Warenlager, den Handwerker in seiner Werkstatt, das Marktweib in seiner Halle, die Brautleute bei der Hochzeit, die Eltern bei der Kindstaufe; und neben den öffentlichen Aufsehern gibt es noch geheime, behördlich angestellte Späher.«[118]

Die Menschen, die ursprünglich feudaler Abhängigkeit entflohen waren, gerieten in den städtischen Gesellschaften in eine neuzeitliche Ordnung, die bestrebt war, alles zu normieren und reglementieren. Es entstanden Gefängnisse, Arbeitshäuser und Besserungsanstalten. Man begann zu unterscheiden zwischen unfreiwilliger Armut und Arbeitsunwilligkeit, was sich in den städtischen Bettelordnungen seit der zweiten Hälfte des 15. Jahrhunderts niederschlug[119]. Bei Calvin erhielt die Arbeit »eine direkt religiöse« Deutung[120]. Arbeit war göttlicher

Auftrag, ebenso handelte er selbst in göttlichem Auftrag; wer sich ihm entgegenstellte, wurde verbrannt. In späteren Jahrhunderten entwickelte die ständische Gesellschaft ein ganzes System von Kleider-, Kirchen- und Luxusordnungen, das verhindern sollte, dass der in der Freizügigkeit der prosperierenden Stadtgesellschaften akkumulierte Wohlstand nur luxurierenden Bedürfnissen diente und verschwendet statt reinvestiert wurde. Calvinistisch-protestantische Ethik verband sich hier mit kapitalistischer Rationalität.

Die ersten Luxusgesetze, *legge suntuariae*, hatte es in Florenz schon im frühen 15. Jahrhundert gegeben, ebenso in Siena. Dort gab es z.B. Statuten, die die Zulässigkeit von Kleiderstoffen und Haarschmuck, die maximale Länge von Schleppen und andere Fragen der weiblichen Mode betrafen. Ein großes Problem war oftmals die Verheiratung von Töchtern, da selbst relativ wohlhabende Väter nicht immer die geforderten Mitgiftsummen aufbringen konnten. Bernardino von Siena sah sich wiederholt veranlasst, gegen das »Junggesellenwesen«[121] zu predigen. Mancherorts gelang es ihm, Vorschriften zur Beschränkung der Mitgift durchzusetzen. Denn er hatte erkannt, dass das für die Mitgift aufgewandte, nicht unbeträchtliche Kapital »nur zu einem kleineren Teil wieder volkswirtschaftlich nutzbringend werde«[122]. In Florenz war das Problem ausufernder Mitgiftforderungen so gravierend geworden, dass sich sogar der Humanist, Architekt und Schriftsteller Leon Battista Alberti (1404–1472) in seiner berühmten Abhandlung *Della Famiglia*[123] damit auseinandersetzte. Er riet den Familienvätern, nur solche Söhne als Erben einzusetzen, die sich »im richtigen Alter« verheiratet hatten. Alberti versuchte auf seine Weise, der jungen Generation die Tugenden des christlichen Lebenswandels und Familienlebens nahezubringen.

Savonarolas Tätigkeit in Florenz blieb nicht ohne Auswirkungen auf seine Heimatstadt Ferrara. Im Jahre 1496 versuchte Herzog Ercole, in Ferrara »einen religiösen Staat nach Savonarolas Ideal«[124] zu schaffen. Allwöchentlich wurde ein zweitägiges Fasten durchgeführt, und zur Entscheidung politischer Fragen wurden Prozessionen veranstaltet. Der Besuch der Predigten im Dom war nun Pflicht; für Gotteslästerung, Sodomie und außerehelichen Geschlechtsverkehr gab es strenge Strafen. Ercole war deshalb auch immer ein gesuchter Gesprächspartner für Savonarola. Der schickte ihm alle seine Schriften und stand ständig mit ihm in Verbindung. Sein Buch über die Einfachheit des christlichen Lebens sandte er Ercole schon in der Rohfassung, mit der Bitte, es noch niemandem zu zeigen. In dem Begleitbrief vom 10. Januar 1497 hieß es:

»Ich bestärke Eure Exzellenz darin, in göttlichen Dingen standhaft zu sein, denn wir haben keine andere Zuflucht als Gott; und vor allem bestärke ich Euch darin, die Stadt von schlechten Menschen zu reinigen, die Ämter in die Hände der Guten zu geben, ihnen die Macht zu geben und sie den Schlechten und Niederträchtigen zu nehmen, weil diese den Zorn Gottes auf das heftigste hervorrufen.«[125]

Von Karneval war in Savonarolas Republik, die eitlem weltlichen Tun abhold war, keine Rede mehr. Dieser Einrichtung, die Lorenzo de' Medici so nachdrücklich gefördert hatte, wurde gründlich der Garaus gemacht. 1495 fiel der Karneval noch mitten in die Zeit des Umbruchs, als ohnehin niemand ans Feiern dachte. Ein Jahr später richtete Savonarola eindringliche Aufforderungen an die Kinder, die traditionellen Karnevalstorheiten zu unterlassen und stattdessen eine Almosensammlung zu veranstalten: »Und, wie es Gott gefiel, geschah eine solche Wandlung, dass anstatt der Torheiten sie viele Tage vorher betteln gingen; und anstatt Stangen fandest du an allen Straßenecken Kruzifixe in den Händen heiliger Reinheit. Dergestalt, dass an diesem Tage des Karnevals ... sich die Scharen in den vier Quartieren von Florenz versammelten; ... mit den Trompetern und Pfeifern des Palastes und den Stabträgern und Dienern, Lobgesänge singend und mit dem Rufe: ›Hoch lebe Christus und die Jungfrau Maria, unsere Königin!‹, alle mit einem Büschel Olivenzweigen in der Hand, ... Und uns schien es, als sähen wir jene Volksscharen von Jerusalem, die vor Christus und hinter ihm herzogen am Palmsonntag, sprechend: ›Gebenedeit seist du, der du kommst im Namen des Herrn!‹«[126] Anschließend wurde die obligate Prozession veranstaltet. Landucci schätzt die Zahl der teilnehmenden Kinder auf mehr als 6.000 und vermerkt, dass auch seine eigenen dabei waren.

Doch dies war nur ein Vorspiel. 1497 und 1498 fanden die »Verbrennungen der Eitelkeiten« statt, die wesentlich zu Savonarolas zweifelhaftem Nachruhm beigetragen haben. Anfang des Jahres 1497 war eine Savonarola ergebene *Signoria* unter Francesco Valori im Amt, sodass er es wagen konnte, dieses Vernichtungsspektakel auf der Piazza della Signoria, dem zentralen Platz der Stadt, aufzuführen, genau jenem Ort, wo er später selbst verbrannt wurde. Frater Pacifico Burlamacchi, einer der engsten Anhänger Savonarolas, hat die erste Verbrennung ausführlich geschildert: »Als im Jahre 1497 der Karneval kam, ordnete der Frate an, dass man eine wunderschöne Prozession voller geistlicher Schauspiele veranstaltete um 21 Uhr. Außerdem ließ er auf der Piazza della Signoria eine große hölzerne Konstruktion errichten, wo die eitlen und unzüchtigen Dinge gesammelt wurden, die die Kinder aus allen Teilen der Stadt zusammengetragen hatten. Diese Konstruktion sah folgendermaßen aus. Die Holzhauer nahmen einen Baum und stellten ihn mitten auf dem Platz auf, er hatte eine Höhe von 30 Ellen. An der Spitze des Baumes befestigten sie viele Balken, die, sozusagen von einem Zentrum ausgehend, in Form einer Pyramide oder eines Zeltes zur Erde strebten. Sie bedeckten eine Fläche von 120 Ellen, die von ganz unten bis zur Spitze bedeckt war mit Besenkräutern, Reisigbündeln, anderen trockenen Hölzern und einer großen Menge Schießpulver. Dieser Aufbau hatte acht Seiten, jede mit 15 Stufen, auf denen all die Eitelkeiten und die unzüchtigen Dinge waren, verschieden zueinander platziert mit wunderbarer Kunstfertigkeit. Auf der ersten Stufe waren ausländische Tuche, die zwar sehr wertvoll, aber voller schamloser Figuren waren. Auf der zweiten Stufe war eine große Zahl von Büsten und Gemälden der schönsten Frauen aus Florenz und anderwärts von der Hand der hervorragendsten Maler und Bildhauer. Auf der nächsten Stufe waren Spieltische, Karten, Würfel und *trionfi*, auf der folgenden waren Liederbücher, Harfen, Lauten, Gitarren, Cembali, Dudelsäcke und andere Instrumente. Auf der nächsten Stufe waren die Eitelkeiten der Frauen: Perücken, Schleier, Fläschchen, Salben, Spiegel, Parfums, Puder, Kämme und anderes Unzüchtige. Es folgten Bücher von lateinischen und volkssprachlichen Autoren voller Unzucht, Morganti und andere Abenteuergeschichten, Bücher von Boccaccio, Petrarca usw. Auf der nächsten Stufe waren Masken, Bärte, Kostüme und andere Karnevalsutensilien. ... Am Morgen des Faschingsdienstag empfingen viele Tausend aus der Hand des Frate die Kommunion. Sie sangen so viele Psalmen und Hymnen, dass es schien, die Engel seien gekommen, um mit den Menschen auf der Erde zu leben.«[127]

Ein venezianischer Kaufmann, der zufällig Zeuge der Errichtung des Scheiterhaufens wurde, bot der *Signoria* 20.000 Dukaten für die Überlassung der aufgeschichteten Gegenstände. Als Antwort auf sein Angebot fertigte man ein Portrait von ihm und setzte es auf einen Stuhl auf der Spitze des Scheiterhaufens. Der Venezianer wurde so zum Herrscher über die Eitelkeiten, musste sich diese Herrschaft allerdings teilen mit einer monströsen Figur, die den Karneval symbolisierte. Nachdem die hölzerne Pyramide abgebrannt war, las Savonarola eine Messe und es folgte eine große Prozession nach San Marco. Zum Schluss schwärmten die Wächter, ihre Bediensteten und die Almosensammler mit silbernen Vasen aus, um milde Gaben für die Armen von San Martino einzutreiben.

Abb. 18: Florentiner Medaille, 1497. Die Vorderseite zeigt Savonarola mit dem Kreuz, auf der Rückseite erscheint der Heilige Geist als Taube über Florenz und das Schwert Gottes über einer unbestimmten Stadt. Die Inschrift bezeichnet das Schwert als schnell (cito et velociter), den Heiligen Geist als freigiebig im Überfluss (copiose et abundanter).

Der zitierte Autor hat das Beschriebene nicht selbst gesehen. Er beruft sich zwar auf Augenzeugen, doch kann man vermuten, dass er sich durch seine Verehrung für Savonarola zu mancher Übertreibung hinreißen ließ. Jedenfalls besteht heute weitgehende Einigkeit, dass kaum etwas wirklich Wertvolles bei diesen Verbrennungen vernichtet wurde[128]. Savonarola war auch kein spezieller Gegner der Renaissancekunst, wie die Kulturhistoriker des 19. Jahrhunderts vielfach unterstellt haben. Goethe hatte Savonarola als »fratzenhaftes, phantastisches Ungeheuer« bezeichnet (in den Anmerkungen zu seiner Celliniübersetzung), und die Historiker, deren Sympathien den Medici gehörten, sahen in ihm einen borniertеn Kleinbürger, der für »das ganze prachtvolle Gebäude von Kunst und Kultur«[129] kein Verständnis hatte. In der Tat musste ihm das großspurige Mäzenatentum eines Lorenzo de' Medici, der mit Künstlern glänzen wollte wie andere mit dressierten Hunden, fremd sein. Doch bei den Verbrennungen spielte Kunst im engeren Sinne nur eine ganz untergeordnete Rolle. Savonarola vertrat in Bezug auf die Kunstfreiheit einen ähnlichen Standpunkt wie viele moderne Diktatoren: »Es ist mir nie in den Sinn gekommen, die Dichtkunst zu verdammen, sondern nur den Missbrauch, den viele mit ihr treiben.«[130] Verbrannt wurden vielmehr Musikinstrumente, Kosmetikartikel und Karnevalsutensilien, Attribute eines Lebens, das Savonarola mit tiefer Furcht erfüllte und das er als Quell allen Übels sah.

Das Verbrennen hatte Tradition. Bei Hinrichtungen gab es die verschiedensten Möglichkeiten: Hängen, Ertränken, Enthaupten, Rädern, Lebendigbegraben, Einmauern, Sieden usw. Jeder dieser Tötungsarten waren bestimmte Delikte zugeordnet, das Verbrennen war die Strafe für Sodomie, Ketzerei und Hexerei. Auffallend ist, dass die Strafe der Verbrennung Menschen traf, die aus heutiger Sicht keine Verbrecher waren, sondern sich durch ein von der Norm abweichendes Verhalten auszeichneten. Ganz in diesem Kontext steht auch die lange Tradition der Bücherverbrennungen.[131]

Mit der Verbrennung der »Eitelkeiten« stand Savonarola in einer Tradition, die von den Bettelmönchen geprägt war. Schon zu Beginn des 15. Jahrhunderts war Bernardino von Siena in dieser Hinsicht sehr aktiv gewesen. In Bologna wurde auf seine Initiative hin die »Teufelsburg«, ein Scheiterhaufen aus Spielkarten, -brettern und Würfeln, verbrannt[132]. In Rom ließ er Brettspiele, Liederbücher, Amulette, Wahrsagebücher und falsche Haare verbrennen[133]. Auch in seiner Heimatstadt Siena veranlasste Bernardino eine Verbrennung, ebenso in Perugia und anderen Orten und in Florenz, wo auf der Piazza Santa Croce Spielbretter und Würfel, aber auch eine Menge Spielzeug den Flammen zum Opfer fielen.

Bernardinos Schüler Giovanni da Capistrano war im Auftrag des Papstes als Kreuzzugsprediger und Inquisitor tätig. Er verfolgte die Fraticelli, eine Häretikergruppe innerhalb des Franziskanerordens, ebenso wie Juden, Hussiten und Türken. 1451 schickte ihn der Papst nach Deutschland, um gegen die Hussiten vorzugehen. An vielen Orten ließ er Scheiterhaufen mit »Eitelkeiten« errichten. In Nürnberg waren sechs große Wagen nötig, um alles zusammenzufahren. 1453 wurden in Breslau 41 Juden, die Giovanni da Capistrano der Hostienschändung beschuldigt hatte, verbrannt und die restliche jüdische Gemeinde der Stadt verwiesen. Im selben Jahr predigte er in Österreich und in Ungarn gegen die Türken. Bei der Verteidigung Belgrads übernahm er sogar die Rolle des Heerführers. 1456 starb Giovanni und sein Mitbruder San Giacomo della Marca übernahm die Rolle des Kreuzzugspredigers gegen die Türken. 1474, ein Jahr vor Savonarolas Eintritt ins Kloster, gab es auch in Ferrara eine »Verbrennung der Eitelkeiten«[134].

Diese Verbrennungen und noch mehr die damit verbundenen Prozessionen hatten nicht zuletzt die Funktion, das emotionale Vakuum, das der nunmehr verbotene Karneval hinterlassen hatte, auszufüllen. Sie waren Teil einer pietistischen Befriedung der Stadtbevölkerung durch Leute, die fest entschlossen waren, die Freuden des irdischen

Daseins auf dem Altar postmortaler Glückseligkeit zu opfern. An ihre Stelle traten Demut, Gottesfurcht, Selbstanklage und Büßerkleid: »Im Austausch für die sinnlichen Genüsse, derer er sie beraubt hatte, gab Savonarola den Florentinern einen frommen Ersatz. ... Die geistlichen Gesänge provozierten bei denen, die sie hörten, eine naive Ekstase, einen kindlichen Enthusiasmus. Es befiel sie ein befremdlicher Wahn; selbst die Mönche begannen, mitten auf der Straße zu tanzen.«[135]

Gleichzeitig wurde die religiöse Ebene – wie im Mittelalter – wieder zum Feld der politischen Konflikte. Die politische Rhetorik bediente sich religiöser Argumentationsmuster und Versatzstücke. In einigen Fällen gelang es den Bußpredigern und selbsternannten Propheten sogar, sich zu politischen Führern aufzuschwingen; Savonarola und Calvin sind dafür die prominentesten Beispiele. Ihre apokalyptischen Donnerreden ergriffen die zutiefst verunsicherten Mittel- und Unterschichten in den von wirtschaftlichen und politischen Krisen geschüttelten Städten. Die Vielen, deren individuelles Selbstvertrauen nur schwach entwickelt war, waren bereit, einem Mann zu folgen, der behauptete, er sei von Gott gesandt. Sie waren bereit, ihre wenigen Alltagsfreuden dreinzugeben, die ihnen nun so eindringlich als eitles und verderbliches Tun dargestellt wurden.

In Brescia erreichte Bernardino von Siena die Ersetzung von Pferde-, Esels-, Kinder- und Dirnenrennen durch »feierliche Bittgänge«[136], in Perugia wurde auf seine Initiative die Stierjagd verboten.

Und allerorten, auch in Florenz, wurde den Kindern das Spielen verboten. Stattdessen wurden die Kinder bei Almosensammlungen, Denunziationen, Verbrennungen und Prozessionen eingesetzt. Sie folgten Savonarola bis zuletzt, da er ihnen eine neue Bedeutung verliehen hatte. Diktatorische Regime richten ihr Interesse ganz besonders auf die Jugend. Sie ist der formbarste, am leichtesten zu beeinflussende und auch zu fanatisierende Teil der Bevölkerung. Kinder und Jugendliche haben in der Regel noch keine eigene Familie gegründet, sind beruflich noch nicht etabliert, ihr Engagement und ihre Opferbereitschaft lassen sich besonders leicht ausbeuten. Oftmals geht die Indoktrination so weit, dass die ideologisch manipulierten Jugendlichen als Spitzel gegen die eigenen Eltern agieren. Die Zerstörung des sozialen Mikrokosmos der Familie, das Eindringen der Obrigkeit in die Privatsphäre erleichterte die Beherrschung der Bevölkerung. Die Geschichte kennt viele Beispiele dafür, von Savonarolas Kinderpolizei im Florenz des 15. Jahrhunderts bis zu den Roten Garden der maoistischen Kulturrevolution.

Im Februar 1498, als seine Position in der Stadt schon höchst umstritten war, versuchte sich Savonarola noch einmal in einer gewaltigen Verbrennung. Diese zweite »Verbrennung der Eitelkeiten« war eine »äußerste Anstrengung, kraft eines unübersehbaren Fanals die eigene Position zu stärken und verlorenen Boden wiederzugewinnen«[137]. Auch 1498 schickten sich die Kinder wieder an, »die Stadt zu reinigen«[138] von Eitelkeiten. Wie im Vorjahr wurde ein Scheiterhaufen errichtet; auf der Spitze war »eine außerordentlich scheußliche Schlange, auf der Luzifer saß mit den sieben Todsünden«[139]. Im Vergleich zum Vorjahr hatte Savonarola an Anhängerschaft eingebüßt, so dass es zu einigen Misshelligkeiten kam: »Und am 17. Februar war Karneval und man errichtete auf der Piazza della Signoria einen Scheiterhaufen eitler Dinge, von nackten Gestalten und Spielbrettern, ketzerischen Büchern, Morganti, Spiegeln und vielen eitlen Sachen und großen Wertes, auf mehrere Tausend Florin geschätzt. Wie sie voriges Jahr die Prozession der Kinder machten, so machten sie sie gegenwärtig: In den vier Stadtquartieren versammelt, mit Kreuzen und Ölzweigen in der Hand, jedes Stadtviertel für sich geordnet, mit ihren Tabernakeln voran, gingen sie nach dem Mittagessen jenen Scheiterhaufen verbrennen, und obwohl gewisse Leute Ärgernis gaben, indem sie tote Katzen hineinwarfen und ähnlichen Unrat, nichtsdestoweniger legten sie Feuer daran und es verbrannte alles, weil genug Reisig da war. Und wisse, dass der Scheiterhaufen nicht Kindersache gewesen, da er ein Quadrat aus Holz war von mehr als zwölf Ellen nach jeder Richtung, von Zimmerleuten in mehreren Tagen und mit viel Arbeit angefertigt, so dass es notwendig war, eine Wache aus zahlreichen Bewaffneten aufpassen zu lassen, weil bestimmte Leute ihn zerstören wollten, die man *Compagnacci* nennt.«[140]

Die *Compagnacci* waren eine Gesellschaft junger Adeliger, die Savonarola feindlich gegenüberstand. Manche von ihnen waren auch in Verbindung mit Piero de' Medici, der noch immer daran arbeitete, einen Aufruhr zu seinen Gunsten anzuzetteln, um nach Florenz zurückkehren zu können. Am Rosenmontag hatten die *Compagnacci*, trotz ausdrücklichen Verbots, ein Festmahl abgehalten, bei dem ordentlich gebechert und auch getanzt worden war.

Ein wichtiger Topos bettelmönchischer Bußpredigt ist noch nicht erwähnt worden, der Kampf gegen das »Wucher- und Judenunwesen«[141]. Die Bettelmönche, die die christliche Armut predigten, verbanden dies häufig mit antisemitischen Invektiven; »namentlich waren es die franziskanischen Wanderprediger, die überall in Italien gegen die jüdischen Blutsauger auftraten und eben hierdurch ihre Volkstümlichkeit vermehrten und festigten«[142]. Der Gedanke der christlichen Nächstenliebe vertrug sich offenbar ohne weiteres mit solchem Auftreten. Die Vorstellung, Juden würden aus rituellen Gründen Kinder töten, war im Mittelalter weit verbreitet. In Triest kam es 1475 auf Grund solcher Ritualmordbeschuldigungen zu einer Tragödie. Nach einem höchst unfairen Prozess und unter Folter erpressten Geständnissen wurden alle männlichen Mitglieder der jüdischen Gemeinde hingerichtet und die Frauen zur christlichen Taufe gezwungen[143].

Die Judenfeindschaft war ein fester Bestandteil der franziskanischen Predigten. Ziel war die Ausgrenzung der Juden aus der Gesellschaft. Dabei gab es gerade bei den prominenten Predigern wie Bernardino von Siena, Giovanni da Capastrino und Bernardino da Feltre immer wieder auch reine Adversus-Judaeos-Predigten[144]. Bernardino von Siena brandmarkte den gesellschaftlichen Verkehr von Christen mit Juden als Todsünde. Immer wieder predigte er gegen den Wucher, was Bernardino da Feltre geradezu zu seinem Lebensthema machte. Auch in Triest hatte Bernardino 1475 gepredigt und mit düsteren Prophezeiungen die Pogromstimmung angeheizt. 1488 kam er auch nach Florenz. Es gelang ihm, besonders die Kinder zu begeistern, die oft leicht zu indoktrinieren sind. Schließlich hatte er sie soweit gebracht, dass sie die Läden der Juden mit Steinen bewarfen, was einen von ihnen, Manultino, fast das Leben kostete. Bezeichnenderweise war der Inhaber des Hauses, in dem Manultino seine Pfandleihe betrieb, ein Christ. Die *Otto di Guardia* schritten nun ein, da sie solche Unruhe in der Stadt nicht haben wollten, und veranlassten Bernardino weiterzuziehen.

Seit der Zeit der Kreuzzüge hatte sich die Stellung der Juden immer mehr verschlechtert, wozu systematisch verbreitete Verleumdungen über Hostienschändung, Brunnenvergiftung u.ä. nicht wenig beitrugen. Die Scheiterhaufen standen stets bereit. Die Verbrennungen fanden vorzugsweise an hohen kirchlichen Feiertagen statt, Zuschauen galt als verdienstlich. Gegenüber Ketzern, die widerriefen, ließ man Milde walten; sie wurden, um ihnen den Tod zu erleichtern, vor der Verbrennung erdrosselt. In Italien brachte der Humanismus der Renaissance eine gewisse Besserung. Die bestehenden Sondergesetze gegen Juden gerieten vielfach außer Gebrauch. »Häufig wurden sie auch vom Tragen der vorgeschriebenen Erkennungszeichen [spitzer Hut und gelber Stern] befreit«[145], wie Bernardino von Sienas Biograph, der allerchristlichste Herr Hefele, Pfarrer in Abtsgmünd, mit nicht zu überhörendem Bedauern feststellt. Doch auf lange Sicht verschlechterte sich die Situation der Juden bis zu ihrer Befreiung durch die Judenemanzipation des 19. Jahrhunderts. Seit dem 16. Jahrhundert wurden sie in bestimmten

Wohngegenden konzentriert, den sogenannten Ghettos (die Etymologie dieses Wortes ist unklar). Das erste Ghetto wurde 1516 in Venedig errichtet, Rom folgte 1556 (hier war der Papst der Initiator) und Florenz 1571.

Savonarola selbst war kein Antisemit. Der ihm angedichtete Antisemitismus ist eine Erfindung seiner Bewunderer, von Gobineau bis Schnitzer. Savonarolas Ansatz war grundsätzlicherer Natur; er wollte generelle, dem Irdischen gleichsam enthobene Armut: »Ich sage allen, d. h. denen, die mehr haben, als sie brauchen, dass ihr verpflichtet seid, es den Armen in Christo zu geben. Und niemand kann sich drücken, denn in unserem Gesetz steht geschrieben: ›Gebt, was übrig ist, als Almosen‹.«[146] Savonarola war sich darüber im Klaren, dass Akkumulation und Reichtum, Luxus und Verschwendung nicht die Erfindung der Juden waren, die ja auch bei der Entwicklung des italienischen Bankwesens eine denkbar geringe Rolle spielten. Die Handelskapitalisten und Bankiers, die Medici, Pazzi usw. waren sämtlich fromme Christen. Sie hatten Firmenkonten *per Dio* (für Gott) eingerichtet, die bei günstigem Geschäftsverlauf aufgestockt wurden. Von diesen Konten wurden Ausgaben für kirchliche Zwecke bestritten; so machte man Gott zu seinem Geschäftspartner, was nur von Vorteil sein konnte. Als Savonarola am 28. Oktober 1496 gegen das Zinsnehmen predigte, würdigte er die Juden keiner Erwähnung. Stattdessen verlangte er die übliche Prozession: »Betet für die Stadt und sorgt dafür, dass die Frauen von den Männern getrennt sind, wie wir es das letzte Mal gemacht haben«. Anschließend ordnete er eine Almosensammlung an, deren Ergebnis den Armen von San Martino zukommen sollte.

Die Laienbruderschaft der *Buonomini di San Martino* (der guten Männer von San Martino) war Mitte des 15. Jahrhunderts gegründet worden. Ihr gehörten hauptsächlich Gegner der Mediciherrschaft an, die sich der Armenfürsorge widmeten, aber auch politische Gefangene betreuten. Dieser Bruderschaft flossen durch Savonarolas Spendenappelle und Aufrufe zu freiwilliger Armut reichliche Mittel zu, die sie unter den Bedürftigen verteilte. Doch bald genügte Savonarola eine solche Einrichtung nicht mehr.

1496 wurde ein *Monte di Pietà*, ein Berg der Barmherzigkeit, gegründet, kurz nachdem den Juden das Geldverleihen verboten worden war. Der erste *Monte di Pietà* war 1462 in Perugia errichtet worden. Der Name wurde wohl in Anlehnung an den *Monte comune* (allgemeiner Berg) gebildet. Der *Monte comune*, den es in Florenz seit der Mitte des 14. Jahrhunderts gab, war ein Sammelname für die Staatsanleihen,

Abb. 19: Angehörige der Bruderschaft der Buonomini di San Martino besuchen Eingekerkerte, Fresko des 15. Jh.

sozusagen der öffentliche Schuldenberg. Auf der Gründungsurkunde für den *Monte di Pietà* von Mantua aus dem Jahre 1490 ist tatsächlich ein Berg zu sehen, den drei Engel auf ihren Händen tragen[147]. Der *Monte di Pietà* war eine Art öffentliche Pfandleihanstalt. Im Gegensatz zu den großen Finanzgeschäften wurden die Pfandleihen traditionell von Juden betrieben. Hierher trugen die Mittellosen ihre armselige Habe, wenn der Lohn nicht bis zur Auszahlung des nächsten reichte. Seit 1435 waren die Juden in Florenz als Geldverleiher mit bestimmten Privilegien tätig, die sich die Stadt natürlich bezahlen ließ. Ihre Aufgabe war es, die Arbeiter, Barbiere, Drogisten, Trödler, armen Priester und Kleinhändler mit barem Geld zu versorgen.

Mit dem Sturz der Medici begann eine neuerliche Agitation gegen die Juden. 1494 erschien eine Schrift, die vorrechnete, dass ein Kredit von 100 Dukaten bei einem Zinssatz von 30 % nach 50 Jahren auf 49.792.556 Dukaten angewachsen sein würde[149]. Im Dezember 1495 wurden die Privilegien der Juden widerrufen und es wurde ihre Ausweisung beschlossen. Durch eine Intervention Savonarolas kam es aber nicht zur Ausführung dieses Beschlusses. Im April wurde der *Monte di Pietà* gegründet, gegen einen gewissen Widerstand; das Abstimmungsergebnis im *Consiglio Maggiore* war 472 zu 92[150]. Doch schon im November des gleichen Jahres musste sich die Stadt wieder an die Juden wenden, da sie angesichts außenpolitischer Verwicklungen dringend Geld brauchte. Gegen eine Zahlung von 3.000 Florin erhielten die Juden nun die ausdrückliche Erlaubnis, in der Stadt zu bleiben. Nach der Rückkehr der Medici 1512 erhielten die Juden endgültig ihre alten Privilegien zurück, was auch insofern notwendig war, weil der *Monte di Pietà* wegen chronischen Geldmangels nicht recht funktionierte.

Kinderpolizei

Den Kindern kam in Savonarolas theokratischer Diktatur eine ganz besondere Bedeutung zu. Das noch nicht geschlechtsreife Kind musste Savonarola als Inkarnation der gottesfürchtigen Reinheit erscheinen, nach der er strebte. Das unberührte, unschuldige Kind war die lebende Negation einer Welt der Lasterhaftigkeit und des Verfalls: »Das sentimentale Verhimmeln des Kindes als eines Symbols der Reinheit gehört zu jenen Äußerungen bürgerlichen Geistes, die zugleich Mittel und Ausdruck der erzwungenen Verinnerlichung von Triebregungen sind. Man dichtet dem Kind eine Freiheit von Begierden an, in der die schwere Entsagung, die man selbst zu leisten hat, mühelos verwirklicht ist.«[151]

Die kindliche Unschuld, das Nichtwissen von der Welt (im positiven wie im negativen Sinne), war geeignet, den religiös-sittlichen Appell in besonderem Maße zu intensivieren. Die Kinder waren Savonarolas fanatischste Anhänger. Nach seiner Niederlage wandten sie sich dann mit der gleichen Entschlossenheit gegen ihn. Als er verbrannt wurde, bewarfen sie noch die Leiche mit Steinen. Mit Hilfe der Kinder trug Savonarola die Auseinandersetzungen über seine Person in die Familien hinein; er gab den Kindern, die bisher der unbedingten Botmäßigkeit des Vaters unterstanden hatten, eine neue Rolle. Parteienhader und Lauheit der Erwachsenen wurden überwunden durch eine fanatische Masse von Kindern. Wenn sie Almosen sammelten, gab es kein Entkommen. Mit Stöcken bewaffnet lauerten sie an jeder Straßenkreuzung. Durch die Kinder wurde Savonarolas Moral zur öffentlichen Gewalt.

Dem Mönch gelang es offenkundig, die Florentiner Kinder in erstaunlichem Maße zu mobilisieren und auch zu fanatisieren. Im Mittelalter waren die Kinder in der Großfamilie notdürftig sozialisiert worden. Kaum waren sie der Mutter oder Amme hinreichend entwachsen, wurden sie der Welt der Erwachsenen zugeschlagen, in einem Alter, das in etwa dem des heutigen Schuleintritts entsprach. Dies wurde anders, als seit dem 15. Jahrhundert die Schulbildung ständig ausgedehnt und zugleich säkularisiert wurde. Hatten die Klosterschulen im Wesentlichen die Aufgabe gehabt, den Klerus mit Nachwuchs zu versorgen, so wurde die Schule nun »zum normalen Instrument der gesellschaftlichen Initiation«[152]. Nicht mehr Raubzüge veranstaltende Ritter garantierten den Reichtum des Staates, sondern Nah- und Fernhandel treibende Kaufleute und die mussten Lesen, Schreiben und vor allem Rechnen können. Und dazu war eine schulische Ausbildung nötig. Der der Mutter entwachsene Kaufmannssohn wurde nicht mehr sogleich Lehrling, sondern zunächst Schüler. An die Stelle des frühzeitlichen Initiationsritus, der das Kind mit einem Schlage zum Erwachsenen gemacht hatte, rückte die Pubertät: »Die Familie und die Schule haben das Kind mit vereinten Kräften aus der Gesellschaft der Erwachsenen herausgerissen.«[153]

Die erste Phase der Pubertät beginnt mit zehn bis elf Jahren (im Spätmittelalter wohl eher noch früher). In dieser Phase starker Unsicherheit im sozialen Verhalten entsteht ein starkes Bedürfnis, Gut und Böse zu unterscheiden; die Kinder suchen nach undifferenzierten Normen, zu deren unbedingter Durchsetzung sie bereit sind. Die katholische Kirche, die zunächst nur dem Guten das Wort geredet hatte, der Caritas, der Nächstenliebe u.ä., adaptierte das Gut-Böse-Schema durch die Einführung von Heiden, Barbaren, Hexen und Teufeln. Die Hexenprozesse griffen seit der zweiten Hälfte des 15. Jahrhunderts wie eine Epidemie um sich. Sie sind keine mittelalterliche, sondern eine zutiefst neuzeitliche Erscheinung.

In Florenz organisierte sich die jugendliche Oberschicht in Bünden, für die unteren Schichten war die Straße der Ort sozialer Kommunikation. In Gruppen entwickeln die Kinder vom Elternhaus unabhängige »eigene Normen« und damit ein Gefühl der Überlegenheit. Ihr unbewusster Wunsch nach sozialer Omnipotenz war der Ansatzpunkt für Savonarolas Wirken. Das kindliche Streben herauszufinden, was gut und wahr ist, nutzte er geschickt für seine Ansichten. Er gebrauchte dabei religiöse Argumentationsmuster, denen sich kaum ein Erwachsener mit einiger Aussicht auf Erfolg widersetzen konnte.

Die Frauen, die sonst bis zum Äußersten verachtet wurden, erlangten einzig durch die Kinder Bedeutung: »Wenn Girolamo Savonarola zu den Frauen und Kindern sprach, appellierte er ... an die Kräfte der Mutterliebe.«[154] In fast jeder Predigt sprach Savonarola die Kinder direkt an. Sie spielten bei den religiösen Schauspielen, die an die Stelle früherer Lustbarkeiten getreten waren, die größte Rolle. Burlamacchi beschreibt uns die Prozession am Palmsonntag des Jahres 1496: »Es wurde in der Prozession ein demütiger und frommer Tabernakel geführt. ... Nach dem Tabernakel folgten viele Kinder in Paaren in der Gestalt wunderschöner Engel, die aus dem Paradies gekommen zu sein schienen. Die Zahl der Kinder betrug 8.000 und es war wunderbar, ihre Ordnung und ihre Ruhe zu sehen und, wie der Zug zusammengesetzt war. So marschierten sie mit großer Inbrunst, Psalmen singend und ihre Gebete aufsagend. Viele von ihnen trugen kleine Gefäße, um Almosen für den *Monte di Pietà* zu sammeln.«[155] Auf die Kinder folgten die Ordensgeistlichen, danach der Klerus. Dann kam die große Menge der Bürger, die nicht Männer der Kirche waren. Ihnen folgten weiß gekleidete Mädchen und zuguterletzt die Frauen. Diese Prozession spiegelt sehr genau die gesellschaftliche Rangordnung, wie Savonarola sie sich erträumte. Es beginnt mit den Engeln aus dem Paradies, die von den Kindern repräsentiert werden, womit natürlich nur die Knaben gemeint sind. Es folgt die Geistlichkeit, dann die Bürgerschaft und ganz zum Schluss der weibliche Teil der Menschheit, wobei die Mädchen immer noch einen besseren Stand hatten als die Frauen.

Doch Savonarola begnügte sich keineswegs mit solchen demonstrativen Akten. Die Kinder waren sein wichtigstes Herrschaftsinstrument. In der Fastenzeit, die der geschilderten Prozession vorausging, hatten sie erstmals von sich Reden gemacht. Am ersten Tag wurden im Dom spezielle Stufen für sie angebracht, damit sie Savonarolas Predigten besser folgen konnten. Der Mönch brachte es fertig, »dass man des Morgens kein Kind im Bett zurückhalten konnte; alle liefen sie noch vor der Mutter zur Predigt«[156]. Und noch im Fastenmonat schritten die Kinder zur Tat: »Und am 27. wurden die Kinder vom Frate darin bestärkt, die Körbe mit Karnevalsbrezeln wegzunehmen ebenso die Bretter der Spieler und viel Unanständiges, das die Frauen benutzten, so dass, wenn die Spieler hörten, es kämen die Kinder des Frate, jeder floh. Noch gab es eine Frau, die die Kühnheit hatte, anders als der Sitte gemäß angezogen auszugehen.«[157] Zwei Tage später durchkämmten die Kinder systematisch die ganze Stadt: »Sie gingen ... überall hin, längs der Mauern, in die Tavernen, wo immer sie Ansammlungen bemerkten, und dies taten sie in jedem Viertel, und wer sich gegen sie aufgelehnt hätte, wäre in Lebensgefahr gewesen, es mochte sein wer auch immer.«[158]

Die Kinder waren es auch, die das Material für die Verbrennungen der Eitelkeiten zusammentrugen. Ihr Tun gewann solche Bedeutung, dass eine eigene Institution geschaffen wurde, die Kinderpolizei. Joseph Schnitzer teilt uns die Grundzüge ihrer Satzung mit: »Die Mitglieder verpflichteten sich hierdurch zur gewissenhaften Beobachtung der Gebote Gottes und der Kirche, zum öfteren Empfange der heiligen Sakramente der Buße und des Altars, zum andächtigen Gebete, zum fleißigen Besuch des Gottesdienstes und der Predigt. Sie machten sich ferner verbindlich, weltliche Schauspiele, Wettrennen, Maskenzüge und dergleichen, aber auch Fecht-, Tanz- und Musikschulen zu meiden, standesgemäße, einfache Kleidung und kurzgeschnittenes Haar zu tragen und Spiele, schlechte Gesellschaften, unschamhafte Bücher und Dichter in italienischer und lateinischer Sprache wie Giftschlangen zu fliehen.«[159]

Laufen, Tanzen und Singen war den kindlichen Polizisten verboten. Stattdessen hatten sie in den Straßen zu patrouillieren und nach Spielen und anderem verbotenen Tun Ausschau zu halten. Frauen, die zu luxuriös oder unzüchtig gekleidet waren, hatten sie zu ermahnen. Schließlich war es ihre Aufgabe, die Häuser ihrer Eltern und auch anderer Bürger nach anstößigen Dingen aller Art zu durchsuchen. Es wurde ein System der Inquisition und Denunziation geschaffen, dessen besondere Raffinesse darin bestand, die Kinder gegen ihre eigenen Eltern aufzuhetzen.

Die Kinderpolizei war in der ganzen Stadt organisiert. In jedem Viertel gab es ein Oberhaupt, dem vier Berater zur Seite standen. In den Händen dieser fünf lagen alle Entscheidungsbefugnisse. Ihnen untergeordnet war eine Reihe von Ämtern:

- die Friedensstifter, zur Aufrechterhaltung der Eintracht
- die Ordner für die Prozessionen
- die Mahner, »die den Fehlenden die brüderliche Zurechtweisung erteilten«[160]
- die Almosensammler
- die Säuberer, die Ungehöriges auf den Häuserwänden zu übertünchen hatten

Die wichtigsten Amtsträger aber waren die *inquisitori*, die Untersucher. Sie zogen an jedem Feiertag zweimal durch die ganze Stadt, um Spieler und andere frevelhafte Menschen aufzuspüren. Die Kinderpolizei hatte, von den politischen Instanzen mit Vollmachten ausgestattet, beinahe den Charakter eines Staates im Staate: »Die kleine Republik der Kinder hatte den Charakter einer christlichen Demokratie, wie sie Fra Girolamo herbeiwünschte, und wir müssen sie als eine Verwirklichung des politischen Ideals des Dominikaners im Kleinen ansehen.«[161]

Die Kinderpolizei war der organisatorische Ausdruck von Savonarolas Kampf gegen Sinnlichkeit, gegen Weltzugewandtheit und gegen *vanagloria*, Eitelkeit. Die wörtliche Übersetzung von *vanagloria* wäre »leerer Ruhm«, was wohl Savonarolas Vorstellung von der Nichtigkeit des Irdischen entspricht: »In allen seinen Werken floh er mit äußerster

Anstrengung die Eitelkeit wie einen Pestbazillus. Deshalb nahm er oft einen winzigen Totenkopf aus Elfenbein in die Hand, den er viele Male sehr gründlich betrachtete, um die Reize der Eitelkeit zu unterdrücken.«[162] Verinnerlichung, und durch sie Innerlichkeit, war Savonarolas Ziel; durch sie sollte soziale Stabilität garantiert werden. Die aufgestauten Aggressionen wurden religiös umorientiert. Während Savonarola ständig zum Frieden und zur Liebe zwischen den Bürgern mahnte, fand der Neid der Armen auf die vom irdischen Glück Beschiedenen in rigorosem Puritanismus seine Befriedigung. Ein immer wiederkehrendes Thema war die Notwendigkeit, gegen Putzsucht, Luxus, unzüchtige und kostbare Kleidung vorzugehen. Hochzeitszüge wurden verboten wegen ihrer sittlichen Gefahren. Das gesparte Geld sollte den Armen gespendet werden.

Die Putzsucht war Anlass für Savonarola, sich in seinen Predigten auch wiederholt an die Frauen zu wenden: »Maria, die Mutter der schönen Liebe, erwartet von ihren Töchtern, dass sie sittsam und mit bedecktem Haupte ohne so viele Oberkleider und Netze einhergehen. Manche tragen feine Kleider im Wert von zwei Dukaten – das sind keine Töchter der seligsten Jungfrau. Darum, ihr Frauen, schämet euch nicht, aus Liebe zu Christus ehrbar und einfach gekleidet zu gehen, der aus Liebe zu euch nackt am Kreuze hing!« Bei anderer Gelegenheit sagte er: »Lernet Ehrbarkeit von den Türkinnen, die sogar ihr Gesicht mit einem schwarzen Schleier verhüllen!«[163]

Schließlich forderte Savonarola die Frauen auf, zur Tat zu schreiten: »Wenn sich die Behörden einer obrigkeitlichen Regelung euerer Trachten entziehen, so nehmet die Sache selbst in die Hand; um die Einzelheiten kümmere ich mich nicht, das ist eure Sache.«[164] Die sonst bei jeder Gelegenheit gedemütigten Frauen beeilten sich, der Anweisung Folge zu leisten. Sie traten zusammen und einigten sich auf eine Art der Bekleidung, die den Anforderungen des Frate genügte. Eine solche »freiwillige« Übereinkunft übte natürlich einen weit stärkeren Zwang zur Konformität aus als die offenbar fehlende behördliche Vorschrift. Savonarola machte den Frauen noch weitere Vorschläge. So empfahl er ihnen zum Beispiel, ihre Kinder nicht zu Ammen zu geben. Es bestünde die Gefahr, dass mit deren Muttermilch ihre niedrige sittliche Geisteshaltung in die Kinder überginge.

Auch aus der Wissenschaft, oder jedenfalls einer übermäßigen Beschäftigung mit ihr, erwuchsen nach Savonarolas Überzeugung Gefahren. Die Lektüre der Klassiker wollte er an den Schulen auf Homer, Vergil und Cicero beschränkt sehen. Bei weiterem Nachdenken kam

Savonarola zu der Erkenntnis, dass es am besten wäre, die Kenntnis der Wissenschaft auf einige wenige Personen zu beschränken. Diese Spezialeinheit sollte bereitgehalten werden für Auseinandersetzungen mit feindlichen Gelehrten. Für den Durchschnittsmenschen aber seien die Kenntnis der Grammatik, der guten Sitten und Religionsunterricht ausreichend. Jacob Burckhardt bemerkt dazu: »Kindlicher kann man nicht raisonnieren.«[165] Ein aufgeklärter Geist mag ein solches Konzept als infantil ansehen. Tatsächlich haben spätere Diktatoren ähnliche Bildungsprogramme immer wieder einmal propagiert.

Ähnlich wie für die Wissenschaft erhob Savonarola auch für die Kunst die christliche Einfalt zur obersten Richtschnur. Er »geißelte namentlich die Darstellung des nackten Körpers als unkeusch und verderblich, zumal da die Gemälde in den Kirchen die Bücher für Kinder und Frauen seien«[166]. Savonarola wandte sich gegen den Naturalismus in der religiösen Kunst, gegen die »sinnliche, heidnische Richtung«[167]. Er legte den Künstlern nahe, mehr nach Ideenschönheit als nach Formvollendung zu streben. Natürlich war es ihm auch ein Dorn im Auge, dass manche Maler auf ihren Bildern nicht nur biblische Gestalten, sondern auch gewöhnliche Menschen darstellten. Tatsächlich waren viele Künstler von Savonarola fasziniert, wenn auch die Behauptung, einige hätten ihre »unzüchtigen« Bilder vernichtet, wohl in den Bereich der Legende gehört. Aber manche veränderten ihren Malstil grundlegend und einige traten sogar in den Dominikanerorden ein und hörten ganz mit ihrer Arbeit auf. Von denen, die Savonarola in seinen Bann zu schlagen vermochte, war Sandro Botticelli der Bedeutendste. Doch gerade in seiner Person zeigt sich die ganze Widersprüchlichkeit.

In einer Zeit, in der Gemälde Handelsware wurden und sich ein Kunstmarkt bildete, musste ein Künstler, der von seiner Arbeit leben wollte, für Leute arbeiten, die Geld hatten. Botticellis wichtigste Auftraggeber waren Papst Sixtus IV. und die Medici. Nach dem Tode von Lorenzo de' Medici wurde Botticelli mehr und mehr zum Anhänger Savonarolas, allerdings nie zum Fanatiker. Zugleich arbeitete er weiterhin überwiegend für die Medici. Botticelli versuchte Savonarolas gegen das Dekorative und Äußerliche gerichtete Kunstauffassung praktisch umzusetzen und hielt ihm auch nach dessen Tod die Treue. Seine Werkstatt wurde zum Treffpunkt der verbliebenen Parteigänger des Frate. Im Jahre 1501 malte er die *Natività mistica*, die mystische Geburt Christi (heute in der National Gallery, London). Bei diesem Bild hielt er sich besonders eng an Savonarolas Vorschriften. Aber künstlerisch ist das Ergebnis unbefriedigend: »Die absichtliche Verleugnung fast jeder Perspektive, die Vernachlässigung der Proportionen, die Absage gegen jede individuelle Verschiedenheit in einer Zeit, in der das künstlerische Wissen gerade den höchsten Grad erreichte, ist zu gesucht, um zu befriedigen, so wenig wie es die Kunst der Zeit in neue gesunde Bahnen führen konnte.«[168] Bei den Präraffaeliten mochte ein solches Bild Begeisterung erwecken, sie feierten 1878 seinen Ankauf durch die National Gallery. Doch heute ist Botticelli nicht wegen solcher Arbeiten, sondern als Maler des »Frühlings«, der »Geburt der Venus« und als Illustrator der »Göttlichen Komödie« berühmt.

Was Savonarola mit aller Entschlossenheit bekämpfte, war das mittelalterliche Körpergefühl, das unmittelbare Verhältnis zum eigenen Leib, das dem zivilisierten Europa der Neuzeit so »barbarisch« und »heidnisch« anmutete. Damals begannen Puritaner, Asketen und bürgerliche Rationalisten »jene unsichtbare Mauer von Affekten, die sich gegenwärtig zwischen Körper und Körper der Menschen, zurückdrängend und trennend, zu erheben scheint«[169], zu errichten. Im Mittelalter war das Verhältnis zum Körper ein unmittelbares und in vieler Hinsicht unkompliziertes gewesen; die ausreichende Befriedigung des Sexualtriebes galt als der Gesundheit förderlich. Bordelle gab es fast in jeder Stadt. Die Prostituierten standen unter dem besonderen Schutz der Obrigkeit, sie waren natürlich auch geschätzte Steuerzahler. Der Geschlechtsverkehr zwischen unverheirateten Geschwistern wurde zumindest geduldet, uneheliche Kinder waren den ehelichen weitgehend gleichgestellt. Im Normalfall schlief die ganze Familie einschließlich Gesinde in einem Raum. Kleidung hatte eine funktionale Bedeutung, wo sie als überflüssig oder lästig angesehen wurde, fiel sie fort. Unterwäsche, Badeanzug und Nachthemd sind Erfindungen der Neuzeit.

Erst bürgerliche Rationalität erforderte ein bis dahin ungekanntes Maß an Triebverzicht. Mit dem Übergang von der Natural- zur Geldwirtschaft, mit aufkommender Arbeitsteilung, mit dem Auseinanderfallen von Produktion und Konsumtion, mit der Notwendigkeit zunehmenden Triebaufschubs und Triebverzichts ging die Durchsetzung eines modernen Leistungsprinzips einher, das auch ein anderes Verhältnis zur Sinnlichkeit bedingte. Die Morallehre der Kirche, die in ihrer Frühzeit noch keinen weitreichenden Einfluss auf das reale Verhalten der Menschen gehabt hatte und somit die Ablehnung von Sinnlichkeit zwar theoretisch fordern, aber praktisch nur bei einzelnen Individuen in ihren eigenen Reihen, nicht aber auf breiter Basis durchsetzen konnte, gewann nun zunehmend an Wirkungsmacht: »Nachdem die ökonomischen Voraussetzungen geschaffen waren, bekamen die kirchlichen Morallehren Gewicht für das gesellschaftliche Leben und legitimierten die in der Phase der primären Akkumulation angelegten lustfeindlichen Tendenzen. Die grundsätzliche Leibfeindlichkeit der Kirche führt nun zu Verachtung, zum Hass gegen alles, was nicht der reinen Ratio, dem reinen Willen unterworfen ist.«[170] Die Angst vor der neuen Seuche Syphilis tat ein Übriges.

Es kann nicht genug betont werden, dass unser Mittelalter zwar »christlich« war, dass aber die Kirche fast das ganze Mittelalter brauchte, um ihre Moralvorstellungen wie Monogamie, Zölibat, Verzicht auf vor- und außerehelichen Geschlechtsverkehr, die züchtige Verhüllung des Körpers, etc. durchzusetzen. Sexualität wurde zunehmend nach außen projiziert, z. B. auf die Hexen, deren angebliche Verehrung des Teufels in der Phantasie ihrer Verfolger oft phalluskultischen Charakter hatte. Manche Hexen gestanden unter der Folter, es sei bis zu 50 geschlechtlichen Vereinigungen in einer Nacht gekommen. Der Teufel spielte erst seit dem Spätmittelalter für die kirchliche Lehre eine größere Rolle. Als Personifikation des Bösen war er insbesondere im Kontext der Hexenverfolgungen von Bedeutung.

Den Theologen und Juristen, die seit dem 15. Jahrhundert die Theorie und Praxis der Hexenprozesse kultivierten, verdanken wir auch die genauere Naturgeschichte des Teufels. Auch außerhalb des Hexensabbats erscheint der Teufel häufig mit sexuellen Konnotationen. Ein verbreitetes Motiv war, »wie der Teufel eine Nonne reitet«[171]. In der bildenden Kunst, die in dieser Zeit ebenfalls begann, sich mit ihm zu beschäftigen, trugen die Teufel häufig Masken, die die Geschlechtsorgane und das Gesäß verdeckten: »Diese phantastischen (›perversen‹) Gebilde ... wirken wie süchtige Projektionen des Menschen auf den ihm entfremdeten Sitz seiner Fleischeslust.«[172]

Dagegen erschienen die Kinder Savonarola wie Engel, die in luftiger Höhe übersinnlich-unsinnlich über dem irdischen Treiben schwebten. Die irdischen Triebe aber wurden im wahrsten Sinne des Wortes verteufelt.

Savonarola – ein bürgerlicher Führer

Die nicht wenigen Biografien, die über Savonarola geschrieben worden sind, ergehen sich ausführlich über den Beter, den Mystiker, den Propheten, den Reformator usw. usf. Kaum aber einmal ist Savonarola als Politiker, als Vertreter bürgerlicher, mittelständischer Interessen das Thema. Neben dem extremen Puritanismus und Fanatismus Savonarolas, der in der Literatur häufig Gegenstand der Bewunderung oder – seltener – der Verachtung war, hatte aber seine »Diktatur Gottes« auch einen rationalen Zug, ein starkes bürgerliches Element, das Savonarolas Tod denn auch überdauerte. Die von ihm durchgesetzte Verfassungsreform trug entschieden populistische Züge. Erstmals seit sechzig Jahren war die patrizische Oberschicht, die es mit den Medici gehalten hatte, praktisch völlig entmachtet. Der bürgerliche Mittelstand gab politisch den Ton an. Wenn Savonarola predigte, wurde die Kirche zum Ort populärer Massenversammlungen.

Max Horkheimer veröffentlichte 1936 in der »Zeitschrift für Sozialforschung« seinen berühmten Essay »Egoismus und Freiheitsbewegung. Zur Anthropologie des bürgerlichen Zeitalters«. In diesem Essay entwickelt Horkheimer am Beispiel von Cola di Rienzo, Savonarola, Martin Luther und Robespierre den Begriff des »bürgerlichen Führers«: »Aus dem Bestreben des Bürgertums, die eigenen Forderungen nach einer vernünftigeren Verwaltung mit Hilfe verzweifelter Volksmassen gegen die Feudalmächte durchzusetzen und gleichzeitig die Herrschaft über diese Massen zu befestigen, ergibt sich die eigentümliche Form, wie um ›das Volk‹ gerungen wird. Es soll einsehen, dass die nationale Neuerung auf die Dauer auch für es selbst Vorteile bringen wird. Mit dem Verschwinden der schlechten Verwaltung wird freilich keine allgemeine Sorglosigkeit anbrechen … ; vielmehr bedeuten die neuen Freiheiten eine stärkere Verantwortung jedes einzelnen für sich und seine Familie, eine Verantwortung, zu der er durch erzieherische Mittel anzuhalten ist. Man muss ihm ein Gewissen machen. Indem er für die bürgerlichen Freiheiten kämpft, soll er zugleich sich selbst bekämpfen lernen. Die bürgerliche Revolution führte die Massen nicht in den dauerhaften Zustand einer freudvollen Existenz und allgemeinen Gleichheit, sondern in die harte Realität der individualistischen Gesellschaft.«[173] Gegen diese pessimistische Analyse, geschrieben 1936 angesichts des triumphierenden Nationalsozialismus hat Ernst Bloch in »Naturrecht und menschliche Würde« mit Recht eingewandt, dass die Gleichheitsforderung der bürgerlichen Revolution auf die spätere sozialistische vorausweise und idealistische Moral nicht bloßer Trug sei. Horkheimer habe zeigen wollen, »dass dem Bürgertum von Anfang an, auch in seinen progressiven Erhebungen, jene Züge eignen, die dann, wie ein schlechter Abklatsch im Faschismus sich wiederholen. Die Züge interessierter Lustfeindlichkeit, des Terreur, der Wut über Unmoral, über Epikureismus und Materialismus, über aristokratische Existenz. kurz eines ›tiefen erotischen Ressentiments‹.«[174]

Savonarola ist der erste moderne Repräsentant dieses tiefen erotischen Ressentiments. In seiner Person treffen sich zwei Entwicklungslinien. Da ist zum einen der Eiferer gegen Sittenlosigkeit, Verschwendungssucht, Gottlosigkeit, Unzucht und den Verrat am christlichen Armutsideal, den niemand besser als sein kirchlicher Gegenspieler, Papst Alexander VI., verkörperte. Diesem scheinbar weltfremden Prediger mit der tief in die Stirn gezogenen Kapuze, der übergroßen Nase, der kehligen Stimme und den brennenden, dunklen Augen hat Thomas Mann in seiner frühen Erzählung *Gladius dei* karikiert, die mit den berühmt gewordenen Worten beginnt: »München leuchtete«. Mann lässt den Bruder Hieronymus eine Kunsthandlung am Odeonsplatz stürmen, in der er gegen eine allzu sinnlich gemalte, überdies nackte Madonna protestiert und nichts als Hohngelächter erntet. Der historische Savonarola hatte dagegen eine große Wirkung auf seine Zeitgenossen, die sogar über die Grenzen Italiens hinausreichte. So war z.B. sein Einfluss auf das spanische Christentum beachtlich groß[175].

Bloch betont zu recht gegenüber Horkheimer, dass »die bürgerliche Revolution als Stammbaum der proletarischen«[176] nicht geleugnet werden kann. Doch entscheidend ist der von Horkheimer herausgearbeitete Zusammenhang zwischen dem sozialen Pathos der bürgerlichen Führer und dem tatsächlichen Verrat der Interessen der unteren Schichten. Das Bürgertum bedurfte der Mobilisierung der Straße zur Durchsetzung ihrer Ziele gegen die alten feudalen Kräfte. Doch hatte es erst die feudale Herrschaft beseitigt, wollte es selbst herrschen und selbst ausbeuten, aber nicht in der herkömmlichen Weise, sondern mit rechnender Effizienz. An die Stelle des Ritters in schimmernder Wehr trat der Buchhalter, an die Stelle des Schwertes der Ärmelschoner. Savonarolas Vater war Kaufmann und kein erfolgloser. Das Bürgertum war das historische Subjekt des Finanzkapitalismus. Es ging nicht aus den alten Gewalten hervor, sondern formierte sich im Kampf gegen sie. Ziel des Kaufmanns war nicht demonstratives Privatleben, wie es die

Adeligen in ihren Loggien führten, und auch nicht ostentativer Konsum und Mäzenatentum bei gleichzeitiger Vernachlässigung der Geschäfte, wie es für Lorenzo de' Medici charakteristisch war. Diejenigen, die nichts zu verkaufen hatten als ihre Arbeitskraft, bei denen die Summe der politischen Ökonomie im nackten Überleben bestand, profitierten nicht von der Beschleunigung des Zirkulationsprozesses. Savonarola redete oft von den Armen, für die die Bessergestellten spenden sollten. Aber die Ursachen der Armut waren für ihn kein Thema. Den »kleinen Leuten« kam vor allem die Funktion zu, eine akklamierende Kulisse bei Savonarolas öffentlichen Auftritten zu bilden. Wenn er in seinen politischen Auslassungen vom *popolo*, vom Volk sprach, so meinte er stets nur die Mittelschicht der Handwerker, Gewerbetreibenden und kleinen Kaufleute. In Savonarolas Traktat über die Regierung der Stadt Florenz heißt es: »Aber weil es schwierig sein wird, das ganze Volk zu versammeln, muss man eine bestimmte Anzahl von Bürgern festsetzen, die ihre Amtsgewalt vom ganzen Volk haben. Weil eine kleine Anzahl durch Freundschaften und Bestechungen korrumpiert werden könnte, muss man eine große Zahl von Bürgern festsetzen. Weil andererseits vielleicht jeder dazugehören möchte, was Verwirrung stiften würde, und weil vielleicht sich die Plebs in die Regierung einmischen würde, was rasch Unruhe verursachen würde, muss man die Zahl der Bürger so festsetzen, dass die, die stören, nicht hineinkommen. Deshalb ist die Anzahl von Bürgern festgelegt worden, die wir den *Consiglio Maggiore* nennen; und es besteht kein Zweifel, dass er der Herr der Stadt ist.«[177] In dieser Verteidigungsschrift, die Savonarola kurz vor seinem Ende schrieb, wird der Klassencharakter des *Consiglio Maggiore* ganz deutlich. Savonarola war nicht nur ein fanatischer spätmittelalterlicher Bußprediger, sondern für kurze Zeit wurde er zum politischen Führer des Florentiner Bürgertums. Erst durch sein Eingreifen kam es in Florenz zu einer radikalen Verfassungsreform.

Nach dem Sturz der Medici am 9. November 1494 hatte man zunächst versucht, eine Neuordnung der Verhältnisse mit einem »Minimum an konstitutioneller Veränderung«[178] zu erreichen. Erst nach der Volksversammlung vom 2. Dezember, die Institutionen der Mediciverfassung auflöste, begannen sich langsam die von der politischen Macht abgedrängten bürgerlichen Schichten zu artikulieren. Mit Savonarolas Hilfe gewannen sie dann in der Verfassung vom 22./23. Dezember die Oberhand. Während er früher nur allgemeine Ratschläge gegeben hatte, griff er mit seiner Predigt vom 7. und noch mehr mit der vom 14. Dezember direkt in den politischen Entscheidungsprozess ein.

Abb. 20: Ansicht von Florenz, Holzschnitt 1490

Die neue Verfassung blieb mit Modifikationen bestehen, bis die Medici 1512 die Stadt im Sturm zurückeroberten. Drei Jahre nach Savonarolas Tod hatte die *Signoria* bei Michelangelo den David in Auftrag gegeben. 1504 war er fertiggeworden und wurde vor dem Eingang des Palazzo Vecchio aufgestellt, als Symbol des Willens zur Freiheit, der damals die Stadt erfüllte, die dem Heer, das zugunsten der Medici intervenierte, militärisch aber nicht standhielt.

Mit der Beschreibung von Savonarolas ideologischer Position ist aber noch nichts über sein politisches Durchsetzungsvermögen gesagt. Es gelang dem Prediger, die Stadt in einen Zustand rauschhafter Betäubung zu versetzen. Er reformierte das öffentliche und das private Leben, aber mit den ökonomischen Problemen kam er nicht zu Rande. Die Löhne fielen, Hungersnöte und Epidemien suchten die Stadt heim. Als Karl VIII. mit seinem Heer auf Florenz zumarschierte, nutzten die Pisaner die Gelegenheit und schüttelten das florentinische

Abb. 21: Savonarola auf der Kanzel, Holzschnitt 1496. Ein Vorhang trennt die Männer im Vordergrund von den Frauen dahinter.

Joch ab. (Erst 1509 wurde Pisa zurückerobert.) Das Hauptproblem war, wie so oft, dass die Stadt kein Geld hatte. Eine Steuerreform jagte die andere, ohne dass sich eine Lösung abzeichnete. Es war nur eine Frage der Zeit, bis die nüchtern rechnenden Kaufleute, die in Florenz über kurz oder lang immer den Ton angaben, des Bußpredigers überdrüssig wurden.

Konflikt mit dem Papst

Als nach dem Sturz der Medici Savonarola ganz unverhofft eine gewaltige politische Autorität zufiel, zog er viele, auch sonst kritische Geister in seinen Bann. Unter ihnen war auch ein so bedächtiger und abwartender Mann wie der Neuplatoniker Marsilio Ficino. Später verfasste er eine *Apologia*, um seinen Fehltritt zu entschuldigen. Darin schreibt er über Savonarola: »Gelegentlich nahm er sogar zu Prophezeiungen Zuflucht, die mit Lügen gemischt waren. Zum einen täuschte er das Volk durch manche dieser Vorhersagen, was auch immer sie beinhalteten, umso leichter und zog es in seinen Bann, andererseits wurde er durch diese Missetaten schließlich überführt.«[179]

Ficino beschreibt dann die Situation Ende des Jahres 1494 und betont, er sei doch schon bald von dem Verführer wieder abgerückt: »Auch ich war jenem Savonarola zunächst verfallen. Als anfangs während häufiger Umwälzungen in der Republik die Franzosen allenthalben Florenz durch mannigfache Schrecknisse in Aufregung versetzten, bin selbst ich ebenso wie das verängstigte Volk – weiß Gott, durch welchen Dämon – eingeschüchtert und für kurze Zeit irregeleitet worden. Aber ich habe mich schnell wieder besonnen und habe die ganzen drei Jahre häufig im geheimen und öfters auch offen nicht ohne Gefahr viele, die ich kenne, dazu aufgefordert, dieses giftmischerische Monstrum weit hinter sich zu lassen, das nur zum Verderben des Volkes geboren sei.«[180] Wie aufrichtig diese Schrift war, die er »im Namen vieler Florentiner« an das Kardinalskollegium richtete, lassen wir vorsichtshalber dahingestellt.

Eines aber ist richtig. Während die Begeisterung für Savonarola am Anfang fast allgemein war, gewann die Opposition gegen ihn im Laufe der Zeit immer mehr Zulauf. Die Anhänger des Frate waren zwar zahlreich, aber nicht im eigentlichen Sinne organisiert. Sie nannten sich *frateschi* (Mönchische), von ihren Gegnern wurden sie als *piagnoni* (Winsler) bezeichnet. Savonarolas Widersacher zerfielen in mehrere Fraktionen, was für ihn natürlich von Vorteil war:

1. Die *arrabiati* (Wütenden) waren Befürworter der vormediceischen Oligarchie. Diese Vertreter der ganz alten Ordnung hielten nichts von der Herrschaft einer Familie und der mit ihr verbundenen Günstlingswirtschaft. Noch weniger konnten sie sich freilich für die populistische Verfassung Savonarolas begeistern.

2. Die *bigi* (Grauen) waren die Anhänger Piero de' Medicis. Sie hielten sich zunächst begreiflicherweise im Hintergrund.
3. Die *tiepidi* (Lauen) waren nicht eine Partei im politischen Sinne. Sie bildeten die große Gruppe derer, die sich nicht für Savonarolas Fanatismus erwärmen konnten. Sie interessierten sich – für die Begriffe des Frate – viel zu sehr für das Diesseitige, Irdische. Zu dieser Gruppe kamen noch die zahlreichen Ordensleute, allen voran die Franziskaner, denen Savonarolas Popularität das Wasser abgrub. Manche Orden hatten zu seiner Zeit echte Nachwuchssorgen, da alles zu den Dominikanern strömte.
4. Schließlich sind die schon früher erwähnten *compagnacci* (Kumpane) zu nennen. Sie rekrutierten sich aus der aristokratisch orientierten Jugend und bildeten eine »Gesellschaft vornehmer Lebemänner«. Ihr Oberhaupt war Doffo Spini, »ein alter Seefahrer und Genussmensch«[181]. Sie revoltierten zunächst vor allem gegen Savonarolas radikale Sinnenfeindschaft. Später spezialisierten sich die *compagnacci* auf Predigtstörungen durch Lärmen, Schwenken von duftenden Eselsfellen, »Weihen« der Gläubigen mit einer Zwiebel usw.

Savonarolas Ziel war die Überwindung des »Parteienhaders«, wie es die Diktatoren der Neuzeit formulieren würden. Bereits am 23. Dezember 1494 wurde eine Amnestie für die Gegner der gestürzten Medici beschlossen. Am 19. März 1495 folgte eine Amnestie für die Gegner des neuen Regimes, d. h. für die Anhänger Piero de' Medicis. Nur wenige Wochen später wurden erste Klagen laut, dass der Einfluss der *bigi* wieder zunehme. Diese Entwicklung setzte sich in den folgenden beiden Jahren fort, was sich auch in der Besetzung der politischen Gremien niederschlug. Im April 1497 versuchte Piero schließlich, mit Hilfe einer Verschwörung die Macht in Florenz zurückzugewinnen. Die Verschwörung war erfolglos, die fünf Hauptbeteiligten wurden verhaftet und zum Tode verurteilt. Nach langem Hin und Her und zweifacher Bestätigung des Urteils durch die politischen Instanzen wurde die Hinrichtung am 21. August 1497 vollzogen. Savonarola hätte es sicher lieber gesehen, wenn man Gnade hätte walten lassen. Doch konnte er es sich nicht leisten, zugunsten der Verschwörer zu intervenieren, da dies dem Gerücht neue Nahrung gegeben hätte, er sei insgeheim mit den Medici im Bunde. Andererseits steigerten die Hinrichtungen die Empörung bei Savonarolas Gegnern enorm, was die zunehmende Polarisierung in der Stadt erheblich förderte. In der Konsequenz ließ dies die Anhängerschaft des Frate schwinden. Die Aura des allseitigen Friedensstifters war dahin.

Abb. 22: Karikatur Papst Alexander VI., Holzschnitt Ende 15. Jh.

Ein ernstes Problem war gleichzeitig, wenigstens aus kirchendogmatischer Sicht, dass Savonarola sich zwar sehr um die Beförderung christlicher Verhältnisse in Florenz bemühte, sich dabei aber päpstlicher als der Papst gebärdete. Nach Ansicht Pastors war die »bedenklichste Seite« an Savonarola, dass er »gleichsam eine Kirche in der Kirche« bildete[182]. In seinem Reformeifer vermochte er auf die Vorschriften und Regularien der Amtskirche keine Rücksicht zu nehmen. Dies musste ihn in Konflikt mit der Autorität bringen. Doch als der Papst ihn nach Rom zitierte, ließ Savonarola sich entschuldigen. Er wusste genau, dass seine Gottesdiktatur seiner ständigen Präsenz als Indoktrinator bedurfte. Florenz wollte er deshalb nicht verlassen.

Zum ersten Mal wurde Savonarola vom Papst schon am 21. Juli 1495 vor den heiligen Stuhl geladen. Das Schreiben war in durchaus freundlichem Ton gehalten[183]. Aber wir wissen, was von solcher Freundlichkeit zu halten ist. Auch Jan Hus war nach der Zusicherung freien Geleits zum Konstanzer Konzil gekommen. Doch kaum angekommen, wurde er verhaftet und später verbrannt. Der Papst lobte in seinem Brief Savonarola und stellte dann fest, es sei ihm zu Ohren gekommen, der Frate behaupte, er predige nicht aus sich heraus oder durch menschliche Weisheit, sondern durch göttliche Eingebung. Darüber wolle er ihn selbst hören. Savonarola antwortete sofort. Er schrieb, er würde gern kommen, zumal er Rom noch nie gesehen habe. Aber leider sei es nicht möglich: »Doch, weil Verschiedenes dem entgegensteht, will ich Eurer Heiligkeit vernünftige Gründe vortragen, damit sie wisse, dass ich aus Notwendigkeit und nicht aus freiem Willen fortbleibe ... Zum ersten verbietet es die Schwäche des Körpers, d. h. Fieber und Ruhr, die mich heimgesucht haben. Sodann geht es nicht wegen beständiger körperlicher und seelischer Leiden für das Heil dieser Stadt, die ich in diesem Jahr auf mich genommen habe. Ich bin im Magen und den anderen wichtigen Gliedern so sehr geschwächt, dass ich irgendeine größere Strapaze nicht ertragen kann. Ja ich enthalte mich sogar der Predigten und selbst der Studien nach dem Rat der Ärzte.«[184] Tatsächlich hielt Savonarola in den folgenden zwei Monaten keine Predigten. Doch am 11. Oktober nahm er seine Tätigkeit wieder auf und fünf Tage später erteilte der Papst seinem »geliebten Sohn« Girolamo den Befehl, jegliches Predigen zu unterlassen. Savonarola scheint sich daran gehalten zu haben. Am 25. Oktober hörte er wieder auf zu predigen. Mit einem anderen Schreiben beauftragte Papst Alexander den Generalvikar der lombardischen Kongregation des Dominikanerordens im Kloster nach dem Rechten zu sehen. Das war ein ziemlich unfreundlicher Akt, nachdem San Marco sich erst wenige Jahre zuvor von dieser Kongregation getrennt hatte.

Savonarola schlug vor, der Papst solle lieber einen seiner Vertrauten zu Untersuchung schicken und schrieb einen sehr ausführlichen Rechtfertigungsbrief. Gegen Ende heißt es dort: »Es steht also, lieber Vater, fest, dass alles, was Eure Heiligkeit unterstellt haben, falsch ist und von perversen Menschen, die nach meiner Seele trachten, stammt. Diejenigen haben es fälschlich erdichtet, die mit ihrer Hinterlist danach streben, mich aus dieser Stadt fortzubringen. Dies nicht, damit ich mich Eurer Heiligkeit zu Füßen werfe, wo, wie sie meinen, ich alles leicht widerlegen würde, sondern damit sie, von ihrem Streben nach Tyrannei erfüllt, mich auf der Reise töten können. Eure Heiligkeit wird über unsere Verteidigung nicht entrüstet sein, sondern sie gnädig aufnehmen und uns eher klug als ungehorsam nennen. Wir werden uns unterdessen zurückhalten und die gütige Antwort unseres Vaters und Herrn und die Befreiung von den gegenwärtigen Beschwernissen erwarten.«[185] Doch acht Tage später ordnete Alexander VI. an, dass San Marco sich der römischen bzw. römisch-toskanischen Kongregation anschließe. So hätte er den aufsässigen Mönch unter seiner direkten Kontrolle gehabt. Dies alles focht Savonarola nicht an. Aber seine Anhänger gerieten durch die Auseinandersetzungen um seine Person zusehends in die Defensive. Anfang Mai 1497 wagten die *compagnacci* einen Schlag gegen ihn. Das Vorhaben sprach sich herum und es wurden Wetten abgeschlossen, ob Savonarola den Mut haben würde, am 4. Mai zu predigen.

Der Mönch ließ sich nicht bange machen, aber das Unternehmen ging schlecht für ihn aus: »Und am 4. Mai 1497, dem Tag der Himmelfahrt, predigte Frate Girolamo im Dom, und bestimmte Männer, seine Feinde, begingen, gewissenlos wie sie waren, eine große Ruchlosigkeit. Um ihn zu verspotten, drangen sie des Nachts in die Kirche ein, und zwar mit Gewalt, indem sie das Tor zertrümmerten, das sich beim Glockenturm befindet, und sie gingen auf die Kanzel und beschmutzten sie schimpflich mit Unrat, so dass man sie erst abhobeln musste, als er auf die Kanzel steigen wollte. Und als er predigte und zwei Drittel gesagt hatte, entstand Lärm in der Gegend des Chores, indem sie mit einem Knüttel auf ein Kästchen schlugen.«[186] Es entstand ein immer größerer Tumult und Savonarola konnte seine Predigt nicht zu Ende bringen.

Papst Alexander VI. sah den Zeitpunkt für ein entschiedenes Durchgreifen gekommen und neun Tage später verließ die päpstliche Kanzlei ein Breve, in dem zunächst die verschiedenen Versuche, Savonarola zur Rechenschaft zu ziehen, referiert wurden. Nachdem der Papst die

Verstocktheit des Predigers beklagt hatte, verkündigte er am Ende eine einschneidende Maßnahme: »Wir befehlen euch und tragen euch auf, dass ihr in euren Kirchen an den Feiertagen, wenn das Volk dort in großer Zahl erscheint, erklärt und öffentlich bekannt macht, dass der Bruder Girolamo Savonarola exkommuniziert ist und von jedermann als exkommuniziert anzusehen und zu betrachten ist ... Weiter sollt ihr bei Strafe der Exkommunikation alle ermahnen, und zwar alle und jeden einzelnen beiderlei Geschlechts, Geistliche und Weltliche, Priester und Ordensleute, dass sie den besagten Bruder Girolamo, der exkommuniziert und der Häresie verdächtig ist, ganz und gar meiden, nicht mit ihm reden oder sprechen, dass sie nicht an seinen Predigten teilnehmen und ihm auch bei anderer Gelegenheit nicht zuhören, dass sie ihm keine Hilfe zuteilwerden lassen und ihm keinen Gefallen tun, direkt oder indirekt, wie und welcher Art auch immer, dass sie nicht Orte aufsuchen oder das Kloster, wo er sich aufzuhalten pflegt. ...«[187] Dieses Schreiben war nicht an die Stadt Florenz, sondern an die einzelnen Klöster gerichtet, um unnötiges Aufsehen zu vermeiden.

Savonarola antwortete am 22. Mai in einem Rechtfertigungsschreiben dem Papst, das der Exkommunikation zuvorkommen sollte[188], und auch die Florentiner Gesandten versuchten, Alexander umzustimmen. Zunächst sah es so aus, als ob dieses Unterfangen Erfolg haben könnte, aber dann führten die Verhandlungen doch zu nichts und am 18. Juni wurde das Exkommunikationsbreve in den vier Hauptkirchen von Florenz und vor dem Dom verlesen. Dadurch kehrte jedoch keine Ruhe in der Stadt ein, die Auseinandersetzungen spitzten sich im Gegenteil weiter zu. Die *arrabiati* verfassten Beschuldigungsbriefe gegen Savonarola und schickten sie, versehen mit Unterschriftenlisten, nach Rom. Die *piagnoni* sammelten ebenfalls Unterschriften, um »offen die einzigartige Frömmigkeit und den ungeheuren Fleiß Savonarolas zu bestätigen«[189]. In dieser Situation wurde für die Monate Juli und August eine *Signoria* ausgelost, die mehrheitlich aus *frateschi* bestand. Sie verfasste am 8. Juli ein neuerliches Bittschreiben an den Papst, die Exkommunikation doch zurückzunehmen[190]. Vorausgegangen war eine Beratung der höchsten Gremien am 5. Juli.

Stefano Parenti und Giovanni dei Cambi sprachen für die *frateschi* und unterstützten den Vorschlag eines Schreibens an den Papst. Sie plädierten dafür, »alles gegenüber Seiner Heiligkeit zu unternehmen, um den Bruder Girolamo vor der Exkommunikation zu bewahren und auch um diese sehr fromme Stadt Seiner Heiligkeit ans Herz zu legen, damit sie nicht unter irgendeine Aufsichtsmaßnahme *(censura)* gerate.«[191] Für die *Ufficiali del Monte* sprach Lorenzo dei Lenzi. Die Stimme der Hoch-

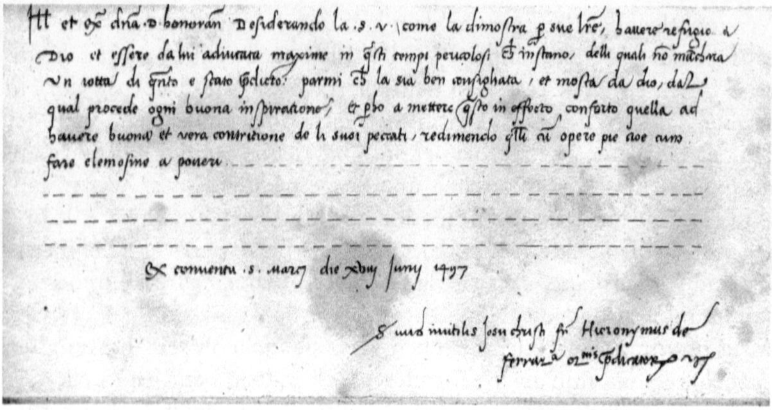

Abb. 23: Schreiben Savonarolas vom 18. Juni 1497

finanz erinnerte an frühere Ereignisse und legte den Nachdruck darauf, dass die Stadt vor päpstlichen Sanktionen bewahrt werden müsse. Das Schicksal Savonarolas war Lorenzo dei Lenzi gleichgültig, aber er wollte Florenz von wirtschaftlichen Nachteilen verschont wissen.

Es fehlte nicht an Stimmen, die meinten, man solle sich vorläufig jeder Stellungnahme enthalten, »weil wir nicht gut informiert sind über die Exkommunikation«[192]. Insgesamt hielt sich die Begeisterung für Savonarola inzwischen sehr in Grenzen. Den Florentinern wurde immer klarer, was sie sich mit dem Dominikanermönch eingehandelt hatten. Und die Kaufleute, die vor jeder politischen Entscheidung nüchtern das Für und Wider abwogen, standen den Ideen einer religiös-sittlicher Erneuerung ohnehin distanziert gegenüber. Sie waren zwar entschlossen, die Freiheit ihrer Stadt gegen päpstliche Machtansprüche zu verteidigen, aber für einen ferraresischen Mönch den Kopf hinzuhalten, lag ihnen fern. Am 9. Juli, einen Tag, nachdem die *Signoria* den Brief zugunsten Savonarolas an den Papst geschrieben hatte, fand eine zweite Beratung statt. Dabei gab es hitzige Diskussionen über die Unterschriftensammlung zugunsten des Frate. Einige sprachen dieser Sammlung die Legitimität ab, andere behaupteten, sie schade der Stadt. Guglielmo degli Altoviti forderte die Bestrafung der Petenten, »als Beispiel für die übrigen, damit sie Ehrfurcht vor den Gesetzen bekommen«[193]. Andere betonten, auch sie hätten unterschrieben, aber nur in der besten Absicht. Die Petition an den Papst blieb jedenfalls ohne Erfolg. Savonarola hielt sich deshalb die ganzen nächsten Monate im Hintergrund. Erst gegen Ende des Jahres 1497 gestattete die Stadt ihm wieder einige geistliche Handlungen.

Der Traktat über die Regierung der Stadt Florenz

Seit Juni 1497 hatte sich der Frate äußerste Zurückhaltung auferlegen müssen. Die *Signoria* für die ersten beiden Monate des Jahres 1498 war noch einmal, zum letzten Mal vor seinem Tod, mehrheitlich aus Anhängern Savonarolas zusammengesetzt. Im Schutz dieser *Signoria* begann er wieder zu predigen und wagte eine zweite »Verbrennung der Eitelkeiten«. In dieser Zeit auch erhielt Savonarola den Auftrag zu einer Rechtfertigungsschrift, die im März publiziert wurde: »Traktat des Bruders Girolamo aus Ferrara vom Predigerorden über das Regiment und die Regierung der Stadt Florenz, verfasst im Auftrag der erlauchten Signoren zur Zeit, als Giuliano Salviati *Gonfaloniere di Giustizia* war«. Dieser Traktat stellt eine Weiterführung der Überlegungen dar, die Savonarola in den Predigten vom Dezember 1494 vorgetragen hatte.

Bereits in den 1480er Jahren hatte Savonarola die Schrift *De Politia et Regno* (Über Staatsverfassung und Herrschaft) vorgelegt. In dieser Abhandlung hatte er sich noch ganz in den Bahnen von Thomas von Aquin (1255–1274), der Hauptautorität der Dominikaner, bewegt und ein Plädoyer für die Monarchie abgegeben. Damals hatte Savonarola im Wesentlichen die Traditionen der aristotelischen Staatslehre wiedergegeben, aber er hatte sich »nur wenig mit den politischen Problemen seiner Zeit und seines Landes beschäftigt«[194]. Demgegenüber wiesen die Predigten vom Dezember 1494 bereits eine deutliche Akzentverschiebung auf.

Savonarola versuchte jetzt, seine Ideen mit den Verhältnissen in Florenz in Zusammenhang zu bringen. Doch die Betonung lag auf dem theokratischen Aspekt: »Ohne die Hilfe Gottes … kann der Mensch sich nicht selbst regieren und noch viel weniger eine Stadt oder ein Volk.«[195] Das Oberhaupt müsse daher Jesus Christus sein. Ergänzt wurde dieser Ansatz durch die Idee des universellen Friedens, eines Friedens, dessen Plausibilität angesichts göttlicher Schirmherrschaft auf der Hand lag.

In dem Traktat vom März 1498 ist der Akzent noch einmal verschoben. Savonarola versuchte nun, sich als Apologet der neuen Republik zu profilieren, worin er – zu Recht – seine letzte Chance sah: »Weil aber eure Signoren mich darum bitten, schreibe ich nicht über die Regierung der Reiche und Städte im allgemeinen, sondern über das, was speziell die neue Regierung der Stadt Florenz betrifft …«[196]

Dabei wolle er sich möglichst kurz halten, das sei für alle Beteiligten das Beste. Weiter heißt es dann im Vorwort: »Während der vielen Jahre, die ich durch den Willen Gottes in dieser Stadt gepredigt habe, habe ich immer vier Ziele verfolgt:

1. Unter Zuhilfenahme meines ganzen Talentes zu beweisen, dass der Glaube wahr ist,
2. Zu zeigen, dass die Einfachheit des christlichen Lebens die höchste Weisheit ist,
3. Zukünftige Ereignisse vorauszusagen, von denen einige eingetroffen sind; die anderen werden in kurzem eintreffen,
4. Die neue Regierung eurer Stadt. Da ich die ersten drei schon schriftlich niedergelegt habe . . ., bleibt, dass wir über das vierte Ziel schreiben, damit die ganze Welt sieht, dass wir eine Wissenschaft predigen, die gesund ist und in Übereinstimmung mit der natürlichen Vernunft und der Lehre der Kirche.«[197]

Der Traktat selbst hat drei Teile. Der erste bewegt sich ganz im Rahmen der aristotelisch-thomistischen Tradition. Savonarola unterscheidet die Königsherrschaft, die Oligarchie und den *governo civile*, die bürgerliche Regierung. Normalerweise sei die Königsherrschaft die beste Form, da sie die größte Einheit garantiere. Für Florenz sei der *governo civile* am besten, denn »das Volk von Florenz ist das klügste von allen Völkern Italiens«[198].

Der zweite Teil des Traktats hat die Tyrannei zum Thema. Sie sei, wenn sie schlecht sei, die schlimmste aller Regierungsformen. Am allerschlimmsten aber sei sie für Florenz, »weil es nichts gibt, was der Tyrann mehr hasst, als die christliche Religion und das gute christliche Leben«[199]. Es darf vermutet werden, dass Savonarola hier an die Herrschaft der Medici dachte. Gegenstand des dritten Teils ist der *governo civile*. Zu Anfang steht die schon früher zitierte Rechtfertigung des *Consiglio Maggiore*. Savonarola hatte in den vergangenen drei Jahren eine Reihe von Erfahrungen mit dem *Consiglio* gemacht. Deswegen machte er nun verschiedene Vorschläge: Strenge Bestimmungen zur Erhaltung der Arbeitsfähigkeit; Maßnahmen zur Verhinderung der Tyrannei; Vorkehrungen, damit die Mitarbeit nicht zu beschwerlich wird.

Im zweiten Abschnitt des dritten Teils kommt Savonarola darauf zu sprechen, wie der *governo civile* noch zu verbessern sei. Er beginnt mit den Worten: »Jeder Bürger von Florenz, der ein gutes Mitglied seiner

Stadt sein und ihr helfen will, was jeder wollen muss, bedarf zu allererst des Glaubens, dass dieser *Consiglio* und der *governo civile* von Gott gegeben worden ist. So ist es in Wahrheit, nicht nur weil jede gute Regierung von ihm kommt, sondern auch durch eine besondere Vorsehung, die Gott gegenwärtig für die Stadt Florenz hat.«[200] Zur weiteren Verbesserung des *governo civile* bedarf es vier Dinge: Gottesfurcht, Liebe zur Stadt, gegenseitige Liebe der Bürger, Gerechtigkeit. Das Ergebnis werde »uno governo di Paradiso« sein[201]. Im dritten Abschnitt des letzten Teils beschreibt Savonarola die Auswirkungen einer solch paradiesischen Regierung: Befreiung von der Sklaverei der Tyrannen, ewige Glückseligkeit, aber auch Vermehrung des irdischen Ruhms, so dass die Stadt wie ein Paradies auf Erden sein wird.

Im Verlaufe seiner Abhandlung entfernte sich Savonarola so immer mehr von grundsätzlichen Überlegungen und wandte sich, wie in seinen Predigten, direkt an die Stadt. Das Ziel seines Denkens ist dabei nicht der einzelne Bürger, sondern der universelle Friede. Die Bürger werden pazifiziert, der Akteur aber ist Gott. Er tritt als Handelnder auf, während den Menschen lediglich die Erlangung bestimmter Gemütszustände und Geistesverfassungen ans Herz gelegt wird. Die neue Republik sollte die religiöse Reform befördern, politische und religiöse Maßnahmen mussten deshalb Hand in Hand gehen. Gäbe es nicht schlechte Priester und Mönche, »Florenz würde zurückkehren zum Leben der ersten Christen und wäre wie ein Spiegel der Religion für die Welt«[202]. Religiöse Motive legitimierten politisches Handeln, politische Macht schuf Abhilfe bei Missständen im religiösen Bereich. Savonarola strebte danach, »die Unterschiede zwischen weltlicher und geistlicher Macht zu eliminieren«[203]. Konflikte mit der Amtskirche waren daher unausbleiblich. Während die katholische Kirche das Christentum, so gut es eben ging, verwaltete, versuchte Savonarola, als Theologe die Grenzen weltlich bestimmten politischen Handelns zu transzendieren.

Er war ganz auf das Leben im Jenseits fixiert; er wollte die Diktatur Gottes, seines Gottes, daher in die irdische Herrschaft eingebettet wissen. Die christliche Theologie differenzierte zwischen den *temporalia* und den *spiritualia*. Bei Savonarola verschmolzen sie zu einem Bereich der Vollkommenheit: »Dieser Entwurf gesellschaftlicher Ordnung steht im Gegensatz zur orthodoxen Auffassung, die in der römischen Kirche den alleinigen Repräsentanten der spirituellen Wahrheit sieht. Nach dieser Auffassung kann die römische Kirche diese Rolle auf keinen Fall mit einer politischen Gesellschaft teilen.

Abb. 24: Sandro Botticelli, Savonarolas Vision des Kreuzes, Illustration von Domenico Benivienis Traktat zur Verteidigung von Savonarolas Lehre und prophetischer Berufung, Holzschnitt 1496. Im Hintergrund die drei heiligen Städte Jerusalem, Rom und Florenz. Während über Rom, dem Sitz des Papstes, ein heftiges Gewitter niedergeht, scheint in Jerusalem und dem ihm ebenbürtigen Florenz die Sonne.

Savonarolas Idee einer christlichen Stadtrepublik erinnert aber an die Möglichkeit einer Gesellschaft in der Nachfolge Christi, die in Konkurrenz mit der monarchischen, ökumenischen Kirchenorganisation des lateinischen Christentums tritt ...«[204]

Der *Trattato* zeigt uns, dass der Mönch es ausgezeichnet verstand, diese Idee mit den traditionellen Topoi florentinischer Politik zu verbinden. Wegen dieser Schrift stellen manche Savonarola in eine Reihe mit Machiavelli und Guicciardini als Begründer des modernen Staatsdenkens. Das ist sicherlich übertrieben. Aber als letzter Versuch, zusammen mit der gewaltigen Verbrennung des Eitlen und Irdischen wenige Tage zuvor, die Florentiner von der Richtigkeit seines Wollens zu überzeugen, ist sie bedeutsam. Dabei zielte Savonarola auf seinen natürlichen Bündnispartner, das Bürgertum, eine relativ elitäre Gruppe. Der Kreis der politisch Berechtigten, aus denen sich der *Consiglio Maggiore* zusammensetzte, machte deutlich weniger als fünf Prozent der Stadtbevölkerung aus.

Das Ende

In der Zwischenzeit arbeitete Papst Alexander VI. immer energischer auf den Sturz Savonarolas hin, da er in ihm das Haupthindernis für einen Anschluss der Stadt Florenz an die Heilige Liga sah. Der Heiligen Liga gehörten außer dem Papst die Republik Venedig, Ferdinand von Spanien und Heinrich VIII. an, und ein von den Medici beherrschtes Florenz hätte sich dem Bündnis angeschlossen. So wurde der franzosenfreundliche Savonarola für den Papst und die Medici ganz natürlich zum gemeinsamen Gegner. Anfang 1498 begann Savonarola wieder zu predigen, wenn auch in einer kleinen Kirche, um Aufsehen zu vermeiden.

Nun ging Alexander VI. zum Angriff über und schickte der Stadt ein Breve, das an Deutlichkeit nichts zu wünschen übrig ließ. Nachdem die früheren Schreiben zitiert worden waren, hieß es zum Schluss: »Indem wir noch das übliche Maß an Sorgfalt übertreffen, bitten wir euch inständig und ermahnen euch in Gott, dass ihr euch auf jeden Fall strikt an das Prinzip des heiligen Gehorsams haltet und dass ihr aufgrund eurer Frömmigkeit und der Ehrfurcht vor dem heiligen Stuhl uns jenen Girolamo unter sicherer und guter Bewachung überbringt. Wenn er aber aufgrund eurer Einsicht zu uns kommt und uns überlassen wird, dann wollen wir nicht den Tod des Sünders, damit er bekehrt werden kann und lebe. Durch uns soll er entsprechend den Sitten des heiligen Stuhles wohlwollend aufgenommen und behandelt werden. Oder ihr müsst ihn wie ein schlechtes Mitglied des Staates gut bewacht einsperren an irgendeinem besonderen Ort, wo er nicht mit anderen sprechen und keine weitere Zwietracht säen kann. Wenn ihr womöglich, was wir nicht hoffen, diese Aufforderung mit Gleichgültigkeit behandelt, so weisen wir euch darauf hin, dass wir euch mit dem kirchlichen Bann belegen werden und dass wir zu noch schwerwiegenderen Maßnahmen greifen werden, die wir wohl zu handhaben wissen. Dies werden wir tun, um unsere Würde und die Autorität des heiligen Stuhles zu wahren gegen jene eure Republik, die gegen unseren Auftrag es vorzieht, einen solch verderblichen Menschen aufzunehmen, der exkommuniziert worden ist, was öffentlich bekannt gemacht wurde, und der außerdem der Häresie verdächtig ist.«[205] Dass die Konsequenzen einer Nichtbefolgung dieses Befehls so ausführlich geschildert werden, deutet darauf hin, dass dieser Fall dem Papst nicht unwahrscheinlich schien.

Am 3. März 1498 berieten die höchsten Gremien der Stadt über das Breve. Der neue *Gonfaloniere di Giustizia* kam aus den Reihen der *arrabiati*. Er und viele andere hätten nichts lieber getan, als den Mönch auf dem schnellsten Wege nach Rom zu befördern. Aber das verbot die politische Räson. Von den in die Defensive geratenen Anhängern Savonarolas abgesehen (sie machten immer noch eine beträchtliche Zahl aus), argumentierten die meisten, dass eine Verhaftung des Frate zuviel Unruhe in der Stadt hervorrufen würde. Schließlich einigte man sich darauf, »um der Ehre Gottes und der Stadt willen, einem Breve nicht zu gehorchen, das der Papst in dieser Form nicht einmal an die Peruginer gerichtet hätte, diktiert von falschen Informationen und beraten von den Feinden des Frate in der Stadt oder den Feinden Italiens, die Florenz hassen.«[206]

Am 7. März überbrachten die beiden florentinischen Gesandten am römischen Hof, die selbst keine Freunde Savonarolas waren, die abschlägige Antwort der Stadt dem Papst, der angesichts dieser Widerspenstigkeit wenig erbaut war. Er betonte, er kenne Savonarolas Predigten durchaus und habe seine Schriften gelesen; der Stadt drohte er bei weiterer Widersetzlichkeit ernstlich mit dem Interdikt.

Wenige Tage später, am 13. März, wandte sich Savonarola zum letzten Mal selbst in einem Schreiben an den Papst: »Eure Heiligkeit hat so viele Beweise meiner Unschuld, so viele von mir vorgetragene Gründe, nicht um Sünden zu entschuldigen, sondern zum Nachweis der Reinheit meiner Lehre, wie ich sie vortrage, ... zurückgewiesen und überdies, wie es scheint, ihr Ohr meinen Feinden geliehen, so wie ich, vergeblich auf das Kommende hoffend, das als Hilfe eurer Heiligkeit betrachtete, was ich von ihr als einem so christlichen und hohen Gottesmann ersehne.«[207] Savonarola konnte über die Absichten des Papstes keinen Zweifel haben. Gegen Schluss seines relativ kurzen Briefes, der keine theologische Rechtfertigung mehr versucht, schreibt er: »Ich erwarte mit höchstem Verlangen den Tod.«[208] Am darauffolgenden Tag gab es eine erneute Beratung, »um zu wissen, was man mit diesem Frate anfangen solle«[209]. Eine Reihe von führenden Männern argumentierte nach wie vor für die Sache des Mönches.

Aber dann ergriff Guidantonio Vespucci das Wort. Er war von Beruf Rechtsanwalt und sprach für die *arrabiati*: »Dies ist eine sehr ernste Angelegenheit. Wir sollten das Pro und Contra abwägen, die Vor- und Nachteile, die der Stadt erwachsen können. Es muss sicherlich bedauert werden, dass wir während der Fastenzeit der geistlichen

Tröstung beraubt sein würden, aber, unter Berücksichtigung aller Umstände, ist es klüger, dem Papst nachzugeben. Wir wollen den Zehnten auf kirchlichen Besitz, wir wollen Pisa und wir wollen die Absolution des Frate. Dies alles vom Papst zu erbitten und ihn gleichzeitig zu beleidigen, erscheint mir widersinnig. Bruder Girolamo mag im Recht sein oder auch nicht, wir werden nichts vom Papst erlangen, ohne ihm Genugtuung zuteil werden zu lassen. Und wenn das Interdikt ausgesprochen wird, wird unser Handel ruiniert sein. Und umgekehrt, wenn man den Schaden bedenkt, der aus der Suspendierung des Frate erwachsen kann, so muss berücksichtigt werden, dass wir keine Sünde begehen, da der Befehl von unserem rechtmäßigen Vorgesetzten kommt. Derjenige, der die *censura* fürchtet und achtet, auch wenn sie ungerecht ist, den anerkennt Gott. Einige mögen das für eine Nebensächlichkeit halten, ich aber glaube, dass es sehr wichtig ist, denn das Recht der *censura* ist heute die einzige Waffe der Kirche und sie wird mit allen Mitteln versuchen, sie zur Geltung zu bringen. Denn andernfalls würde sie all ihren Einfluss auf die Menschheit verlieren. Es ist sehr wichtig, dass wir die Ehre Gottes achten, aber das sind zweideutige Worte, denn es ist sicher, dass die Macht des Papstes von Gott kommt, während es zweifelhaft ist, ob Bruder Girolamo wirklich ein Bote Gottes ist. Deshalb werden wir über diese Frage, ob es ratsam ist, dem Papst den Gehorsam aufzukündigen, in der Weise befinden, die euch am besten erscheint.«[210] Diese Rede, die an politischen Pragmatismus und kaufmännisches Vorteilsdenken appellierte, beides Tugenden, die in Florenz hoch im Kurs standen, verfehlte ihre Wirkung nicht.

Zwei Tage später richtete Domenico Bonsi, florentinischer Gesandter in Rom, ein dringendes Schreiben an die *Signoria* mit der Aufforderung, Savonarola endlich das Predigen zu verbieten. Andernfalls bitte er um seine Abberufung, da er um sein Leben fürchten müsse. Am nächsten Tag, am 17. März, schrieb Bonsi ein zweites Mal nach Florenz, im gleichen Sinne, und wies darauf hin, dass der Papst in ständigem Kontakt mit Piero de' Medici stehe und die Inhaftierung aller florentinischen Kaufleute vorbereite. Es war der Punkt gekommen, an dem die *Signoria* eine Entscheidung treffen musste. Sie forderte Savonarola auf, das Predigen für einige Zeit zu unterlassen. Der Mönch antwortete, er erhalte seine Anweisungen von Gott, fügte sich aber nach kurzer Zeit grollend. In diesen Tagen erschien seine im letzten Kapitel besprochene Schrift, die er im Februar verfasst hatte. Die Ereignisse trieben nun rasch einer Entscheidung zu.

Abb. 25: Savonarola verteidigt vor sieben Weltweisen seine prophetische Berufung, zeitgenössischer Holzschnitt. Über Savonarola schwebt eine Taube, die wohl den Heiligen Geist symbolisiert, im Hintergrund ist Florenz zu sehen.

Savonarola sandte Briefe an die Herrscher Europas. Darin hieß es: »Ich bezeuge hiermit im Namen Gottes, dass dieser Alexander kein Papst ist und es auch nicht sein kann. Denn, abgesehen von der Todsünde der Simonie, durch die er den päpstlichen Stuhl erworben hat und in der er täglich die Segnungen der Kirche an den Meistbietenden verkauft, und ebenso abgesehen von seinen anderen offensichtlichen Übeln, erkläre ich, dass er kein Christ ist und nicht an Gott glaubt, was der Gipfel des Unglaubens ist.«[211] Das war offene Rebellion gegen die höchste Autorität der Kirche, die, trotz aller offensichtlichen und sattsam bekannten Missstände, so keinesfalls in Frage gestellt werden durfte. Savonarolas Sturz war jetzt nur noch eine Frage der Zeit.

Die Franziskaner fühlten sich in dieser Situation stark genug, ihn direkt herauszufordern. Am 25. März wurden die Dominikaner von ihnen erstmals zu einer Feuerprobe aufgefordert, was in den folgenden Tagen noch mehrfach bekräftigt wurde. Die beiden Orden setzten sich ins Benehmen, einigten sich auf einen Text, der bezeugt werden sollte, und trugen ihn am 29. März im Palazzo Vecchio vor: »Die Kirche Gottes bedarf der Erneuerung; sie wird gezüchtigt werden; sie wird erneuert werden. Auch Florenz wird nach der Züchtigung erneuert werden und gedeihen. Die Ungläubigen werden zu Christen bekehrt werden. Dies alles wird in unseren Tagen geschehen. Die kürzlich über unseren ... Bruder Girolamo verhängte Exkommunikation ist nichtig. Wer sie nicht beachtet, sündigt nicht.«[212] Für die Franziskaner sollte Domenico da Pescia durchs Feuer gehen, für die Dominikaner Mariano Ughi. Würden beide verbrennen, wäre Savonarola widerlegt, würde nur Domenico verbrennen, wäre er ein wahrer Prophet. Im Zeitalter der Gottesurteile war ein solches Verfahren nichts Ungewöhnliches.

Tags darauf gab es im *Consiglio* eine große Beratung über diese Angelegenheit. Die meisten waren für die Feuerprobe, in der Hoffnung, den Fall Savonarola dadurch zum Abschluss zu bringen, aber sie plädierten gleichzeitig dafür, nicht zu viel Aufhebens von der Sache zu machen. Typisch war die Stellungnahme des *arrabiato* Filippo Giugni: »Wir sind heute wegen dieser Angelegenheit zusammengekommen, aber das Feuer scheint mir eine merkwürdige Sache zu sein und ich selbst würde nur mit äußerstem Widerwillen durchgehen. Man könnte, mit geringerer Gefahr, versuchen, durchs Wasser zu gehen. Und wenn er nicht nass wird, werde ich bestimmt einer von denen sein, die um seine Absolution bitten.«[213] Mit ähnlichem Zynismus betrachteten wohl nicht wenige die ganze Affäre. Vielfach wurde auch betont, dass es hier um theologische Fragen gehe, in die man sich nicht einmischen solle.

Die Feuerprobe konnte also stattfinden. Schon bald begannen die Vorbereitungen: »Am 7. April wurde auf der Piazza della Signoria ein Gerüst aufgebaut, 50 Ellen lang, zehn Ellen breit und vier Ellen hoch. Es wurde auf Blöcke aus Holz gestellt, auf welchen auf jeder Seite ein Mäuerchen aus roten Ziegeln gemacht wurde, eine halbe Elle hoch, und dazwischen legten sie Sand und Schutt und bedeckten tatsächlich alles, damit das Feuer nicht die Balken und das Holz finden könne; und auf besagtes Gerüst legte man eine Brüstung großer Holzstücke nach Art von Scheiterhaufen, zweieinhalb Ellen hoch, das ganze Gerüst entlang. An jedem Kopfende ließen sie vier Ellen ohne Holz, so dass die Scheiterhaufen 40 Ellen lang waren: In der Mitte ließen sie zwei Ellen Raum, durch den man zu passieren hatte. Außerhalb und innerhalb der Holzstücke erhoben sich viele Besen und Reisigbündel, so dass ein Raum von einer Elle für den Gang übrig blieb. Ferner wurde Öl darauf gegossen, Branntwein und allerlei Harze, damit es besser brenne.«[214] An den äußeren Voraussetzungen fehlte es also nicht, und die *Signoria* ließ sich das Spektakel einiges kosten.

Schon bald rückten beide Parteien mit großem Gepränge auf den Platz. Doch nun entspann sich eine vielstündige Diskussion. Zwischendurch verschwanden Emissäre der einen wie der anderen Partei immer wieder im Palazzo Vecchio.[215] Die Franziskaner hatten immer noch Angst, Savonarola besäße vielleicht doch übernatürliche Kräfte. Deshalb forderten sie, sein Mann solle die geistlichen Gewänder ablegen und in der Unterhose durchs Feuer gehen. Damit erklärten sich die Dominikaner einverstanden, sie wollten ihrem Vertreter dafür aber eine Hostie mitgeben, was auf der Gegenseite große Empörung auslöste. So ging es ewig hin und her. Was wirklich geschah, ist wohl nicht mehr restlos aufzuklären, obwohl der unermüdliche Joseph Schnitzer ein ganzes Buch über die Feuerprobe geschrieben hat[216]. Fest steht jedenfalls, dass die streitenden Parteien am Abend auseinander gingen, ohne dass auch nur der Holzstoß entzündet worden war. Und unbestritten ist, dass dies dem Ansehen Savonarolas mehr geschadet hat als alles, was zuvor geschehen war.

Am folgenden Tag hielt er nach dreiwöchiger Enthaltsamkeit erstmals wieder eine Predigt in San Marco. Es gab keine besonderen Vorkommnisse. Aber das war nur die Ruhe vor dem Sturm. Am Nachmittag kam es im Dom zur Zeit der Vesper zu einem Tumult. Die dem Frate feindlich gesonnene Menge stürmte davon, mit dem Ruf: »Zu den Mönchen, zu den Mönchen, nach San Marco! Und das ganze Volk und die Kinder liefen mit Steinen, während viele Männer und Frauen, die sich in San Marco befanden, wegen der Steinwürfe nicht heraus konnten. Auch ich befand mich dort und wäre ich nicht durch den Klosterhof hinaus und gegen die

Porta di San Gallo weggegangen, so wäre ich vielleicht tot auf dem Platz geblieben. Und in der Tat, jedermann bewaffnete sich; vom Palast kamen Erlasse, wer den Bruder Girolamo ergriffe und gefangen herbeiführte, solle 1000 Dukaten bekommen.«[217] Bis zum Morgen war die Gegenwehr der Mönche erfolgreich, dann ging das Klostertor in Flammen auf und Savonarola und zwei seiner Vertrauten wurden verhaftet.

Auch Francesco Valori wurde in seinem Palast verhaftet. Er war »einer der vornehmsten Feinde der Medici« gewesen[218], der Sprecher der Patriziergruppe, die auf Seiten Savonarolas stand. Im Januar 1497 hatte er das Amt des *Gonfaloniere di Giustizia* übernommen. Die *Signoria* für Januar und Februar 1497 hatte ausschließlich aus *frateschi* bestanden. In dieser Zeit hatte die erste »Verbrennung der Eitelkeiten« stattgefunden. Diese *Signoria* hatte auch die Gesetzgebung gegen die Sodomie verschärft. Valori, einer der Strategen des Sturzes der Medici 1494, hatte sein politisches Schicksal von Anfang an mit dem Savonarolas verbunden. Das musste er jetzt büßen. Seine Frau wurde erschlagen.

Am 9. April wurden 19 weitere Anhänger Savonarolas verhaftet und noch am gleichen Tage fand eine Beratung statt, wie der Frate am besten zu verhören sei[219]. Wie immer ging es um recht praktische Fragen: Ob Savonarola in Florenz oder besser in Rom verhört werden solle, dass nur die geeignet erscheinenden Teile des Geständnisses publiziert werden sollten usw. Außerdem war da noch ein anderes Problem. Für die Verfolgung von Staatsverbrechen waren die *Otto di Guardia* zuständig, die aber zu jener Zeit mehrheitlich aus *frateschi* bestand. Hier vor allem musste Abhilfe geschaffen werden; sie wurden deshalb – ebenso wie die *Dieci di Libertà* – vor Ablauf ihrer regulären Amtszeit neu gewählt. Inzwischen hatte schon Savonarolas Verhör begonnen. Er wurde mit dem Seilzug gefoltert. Bei dieser Folter wurden dem Delinquenten die Arme auf dem Rücken zusammengebunden, anschließend wurde er an den Händen hochgezogen, bis er in der Luft schwebte. Dann ließ man ihn mit einem Ruck fallen. Diese Art der Folter führte bei ihrer ersten Anwendung meist zum Auskugeln der Schultergelenke und verursachte bei jeder Wiederholung noch stärkere Schmerzen.

Savonarola hielt dieser Behandlung nicht sehr lange stand. Er erklärte seine Bereitschaft, ein Geständnis niederzuschreiben, wie das Gesetz es vorsah. Was Savonarola schrieb, erschien den Herren, die die Untersuchung führten, aber als ungenügend; es wurde deshalb vernichtet. Stattdessen wurde dem Gefangenen ein Jurist beigesellt, der ein Protokoll führen sollte, was eindeutig gegen das Gesetz war. Diesem geschulten Kenner des Rechts gelang es, ein Geständnis zu verfassen, das den Beifall des Gerichts fand, das ausschließlich aus Gegnern des Frate bestand. Man versammelte nun Amtsträger, auswärtige Gesandte, andere wichtige Leute und einige Mönche von San Marco im Palazzo Vecchio, um dieses Papier triumphierend vorzuweisen: »Und am 19. April 1498 las man im Rat, im großen Saal, das mit seiner Hand geschriebene Protokoll des Bruder Girolamo, den wir für einen Propheten hielten, der nun aber bekannte, er sei kein Prophet und er habe nicht von Gott die Sachen, die er predigte. Und er gestand, dass viele Dinge im Lauf seiner Predigten vorgekommen seien, die das Gegenteil von dem waren, was er uns zu verstehen gegeben hatte. Und ich befand mich da, um dieses Protokoll verlesen zu hören; ich war erstaunt und blieb verblüfft stehen in Verwunderung. Und Schmerz fühlte meine Seele, ein derartiges Gebäude zu Boden fallen zu sehen, weil es sich auf dem traurigen Grund einer einzigen Lüge erhoben hatte.«[220]

Die Wirkung dieser Verlesung war eine ungeheuere, wie schon an den Worten Landuccis zu merken ist. Selbst die Mönche von San Marco sagten sich in einem Schreiben an den Papst von ihrem Mitbruder los. Das verlesene »Geständnis« hatte dem Glauben an den Frate weiteren Abbruch getan, für eine Verurteilung wegen irgendeines Verbrechens war es aber noch keineswegs ausreichend. Der *Signoria* blieb deshalb nichts anderes übrig, als ein zweites Gerichtsverfahren zu veranstalten, für das auch durch den Umschwung in der öffentlichen Meinung der Boden bereitet war. Dieses zweite Verfahren begann am 23. April, Savonarola wurde erneut der Folter unterworfen, ebenso die anderen Unglücklichen: »Und am 27. April gab man allen wegen dieses Falles eingesperrten Bürgern die Strickfolter, so dass man es von 15 Uhr bis abends immerfort beim Bargello schreien hörte.«[221]

Doch auch das zweite Verfahren versprach kein besseres Ergebnis als das erste Verhör; es wurde deshalb eingestellt. Unterdessen begann ein Tauziehen zwischen der *Signoria* und dem Papst, wer die Mönche verbrennen dürfe. Am 5. Mai wurde darüber in der Stadt beraten. Girolamo di Filippo Rucellai schlug vor, »dem Papst einen Brief zu schreiben, dass sie sterben sollten, wo sie gesündigt hätten«[222], und so geschah es. Der Papst, der sich inzwischen hinreichend von der Ernsthaftigkeit der Tötungsabsicht der *Signoria* überzeugt hatte, willigte ein. Er schickte zwei Bevollmächtigte, den General des Dominikanerordens Gioacchino Turriano und den spanischen Bischof Francesco Romolino, nach Florenz; diese beiden sollten das Urteil sprechen. Am 19. Mai begannen die päpstlichen Kommissare, Savonarola zu verhören. Sie interessierten sich vor allem für dessen Beziehungen zur römischen

Kurie, wo er noch immer zahlreiche Freunde hatte. Auf die Frage, ob es wahr sei, was er gestanden hatte, antwortete Savonarola »nein, und dass er der Bote Gottes sei und von Gott gesandt«[223]. Daraufhin wurde er erneut der Folter unterworfen, worauf er alles gestand, was man von ihm hören wollte. Zu den Unterlagen, die die beiden Kommissare bei sich führten, gehörte auch ein päpstliches Breve mit Datum vom 12. Mai. Darin war bereits festgelegt, dass der Frate wegen »falscher und verderblicher Lehren« zu verurteilen sei[224].

Abb. 26: Die Hinrichtung Savonarolas und seiner beiden Mitbrüder auf der Piazza della Signoria, Gemälde 16. Jh.

Am 22. Mai fällten die Abgesandten des Papstes ihr Urteil. Am Tag darauf wurde es vollstreckt und Savonarola gemeinsam mit zwei Ordensbrüdern hingerichtet. » Zuerst rasierte man ihnen Kopf und Hände zum Zeichen ihrer Entwürdigung. Dann wurden die drei gemäß dem Votum der Stadtoberen erhängt, wobei der eine sich lange quälte, weil der Strick schlecht geknüpft war. Eigentlich sollte das Erhängen den Delinquenten den qualvollen Flammentod ersparen. Den weiteren Verlauf des Ereignisses schildert Landucci in seinem Tagebuch: »Und als alle drei gehängt waren, gegen den Palast gewendet und in ihrer Mitte Bruder Girolamo, da erhoben sich die Würdenträger vom Podium auf dem Holzgerüst. Auf dem Rund war ein Reisighaufen geschichtet, auf dem sich Bombardenpulver befand, das jetzt entzündet wurde. So entzündete sich der Reisighaufen mit dem Krachen von Raketen und Büchsenschüssen, und in wenigen Stunden waren sie verbrannt, so dass ihnen Beine und Arme nach und nach abfielen: Teile des Rumpfes blieben an den Ketten hängen; deshalb wurden viele Steine nach ihnen geworfen, damit sie herab fielen, so dass man Angst hatte, es würden Stücke vom Volk genommen werden. Deshalb ließen der Henker und, wer sonst damit zu tun hatte, den Pfahl umfallen und auf dem Boden verbrennen. Sie brachten genug Holz und, indem sie das Feuer über den Körpern schürten, erreichten sie, dass alles und jede Reliquie verzehrt wurde.«[225] Man achtete sorgfältig darauf, dass von dem Frate nichts zurückblieb. Am Ende wurde die Asche eingesammelt und in den Arno gestreut, um jede Reliquienverehrung im Keim zu ersticken. Denn trotz seines Sturzes glaubten noch immer viele an die wunderwirkende Kraft des Predigers von San Marco. Mit der Verbrennung waren die Florentiner das Problem erst einmal los. Zu unvorsichtigen Urteilen ließen sie sich auch jetzt nicht hinreißen. Francesco Guicciardini gibt in seiner Chronik Folgendes als abschließendes Urteil über Savonarola: »Ich bin im Zweifel und habe keine abgeschlossene Meinung darüber in irgendeiner Richtung, ich halte mich deshalb zurück; wenn er noch lebte, würde im Lauf der Zeit alles klar werden. Dies aber kann man auf jeden Fall sagen: Wenn er gut war, haben wir in unserer Zeit einen großen Propheten gesehen; wenn er schlecht war, haben wir einen ganz großen Mann erlebt, weil ..., wenn einer so viele Jahre in der Öffentlichkeit eine solche Sache vorspiegeln kann, ohne jemals überführt zu werden, dann muss man zugeben, dass er Urteil, Talent und eine außerordentliche Erfindungsgabe hatte.«[226]

Dies schrieb Guicciardini 1509. Doch seine Vorsicht half ihm nichts. Als die Medici Florenz drei Jahre später zurückeroberten, wurde er aus den Diensten der Stadt entlassen, genauso wie viele andere; unter ihnen war auch Machiavelli. Niccolò Machiavelli (1469–1527) kam aus einer Beamtenfamilie und war wie so viele Florentiner Jurist. Am

19. Juni 1498, vier Wochen nach Savonarolas Tod, trat er in städtische Dienste und wirkte bis zum Ende der Republik in verschiedenen Positionen. 1506 reorganisierte er die florentinische Miliz und wurde Leiter einer in diesem Zusammenhang neu geschaffenen Behörde. Als die Medici ihre Stadt wieder in der Gewalt hatten, wurde der leidenschaftliche Republikaner Machiavelli entlassen. Hinfort musste er sich mit schriftstellerischen Arbeiten durchbringen. Im Februar 1513 wurde er zu Unrecht der Beteiligung an einer antimediceischen Verschwörung verdächtigt und verhaftet.

Im gleichen Jahr schrieb er »Il principe« (Der Fürst), der jedoch erst 1532 gedruckt wurde. Es gelang Machiavelli trotz mannigfaltiger Versuche nie, die Gunst der Medici zu gewinnen. Im Gegensatz zu dem »abstrakten und nebelhaften« Savonarola war Machiavelli »realistisch«[227], aber die Zeitumstände waren gegen ihn. So wurde sein »Il principe« oft als Plädoyer für eine von ethischen Normen losgelöste Machtpolitik interpretiert. In Wirklichkeit war es eher das Buch eines überzeugten Patrioten, der unter der zunehmenden politischen Machtlosigkeit und der Zersplitterung seiner italienischen Heimat litt.

Zu Beginn seiner politischen Laufbahn hatte sich Machiavelli mit Savonarola auseinandergesetzt, für dessen religiösen Fanatismus er keine Sympathie empfinden konnte. Prezzolini hat die grundlegende Differenz der beiden auf die eingängige Formel gebracht: »Savonarola erwartete alles von Gott, Machiavelli alles vom Menschen.«[228] Machiavelli hat auf den Prediger ein Spottgedicht verfasst.

> »I' dico di quel gran Savonarola,
> El qual, afflato da virtù divina,
> Vi tenne involti con la sua parola;
> Ma perché molti tèmen la ruina
> Veder de la lor patria a poco a poco
> sotto la sua profetica dottrina,
> Non si trovava a riunirvi loco,
> Se non cresceva o se non era spento
> El suo lume divin con maggior foco.

Ich spreche von diesem großen Savonarola,
der, erfüllt von göttlicher Tugend,
euch eingewickelt hat mit seinen Worten.
Aber weil viele fürchteten zu sehen, wie aus
ihrer Heimat nach und nach eine Ruine würde

unter seiner prophetischen Lehre,
fand sich nicht der Ort, euch zu vereinigen,
es sei denn er wäre gewachsen oder er hätte sein
göttliches Licht mit größerem Feuer ausgestrahlt.«[229]

Auch aus diesen Zeilen spricht der Republikaner und Patriot.

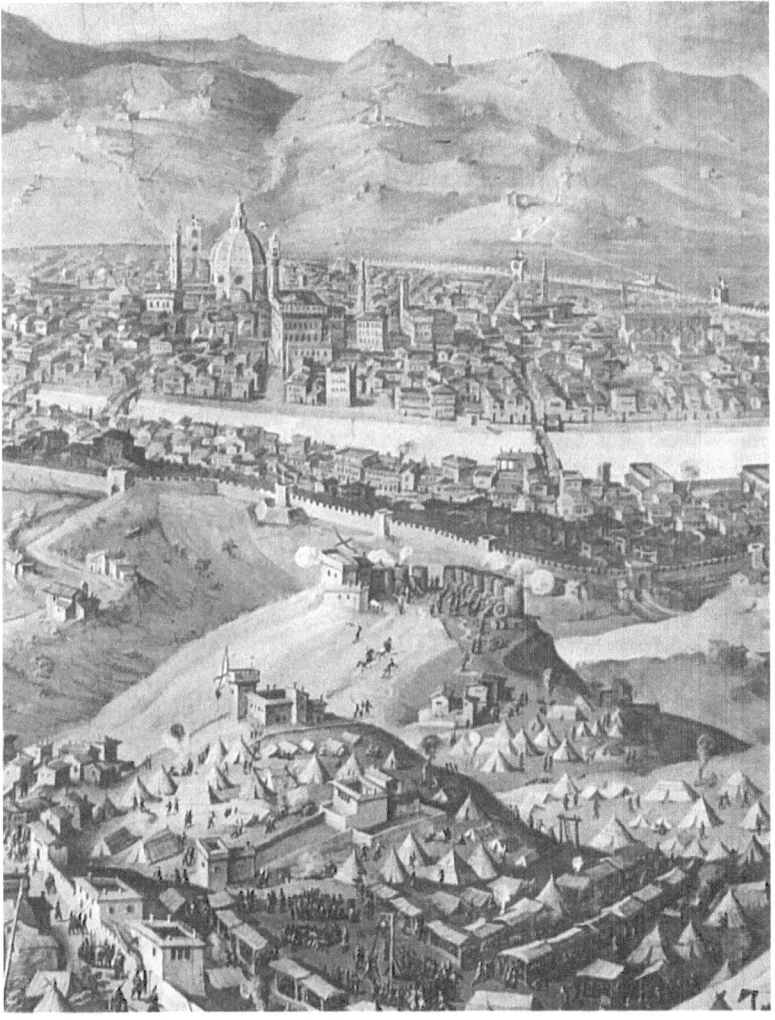

Abb. 27: Giorgio Vasari, Die Belagerung von Florenz 1530, Ausschnitt des Gemäldes

1527 wurden die Medici zum zweiten Mal aus Florenz vertrieben. Doch die mit ihnen verbündeten politischen Mächte rüsteten bald ein Heer aus, das Florenz 1530 ein halbes Jahr lang belagerte. Dies war einer der wenigen Fälle, wo die Florentiner wirklich kämpften und sich nicht auf die Macht ihres Geldes und ihrer Söldner verließen, denn sie wussten, es ging bei diesem Krieg wirklich um etwas. Bei dieser Auseinandersetzung würde sich das Schicksal der letzten florentinischen Republik entscheiden. Das Ergebnis war die Zementierung der mediceischen Despotie auf Jahrhunderte. 1520 hatte Michelangelo die Neue Sakristei für die Medici erbaut, in deren Skulpturengarten bei San Marco er als Knabe die erste Bekanntschaft mit der Antike gemacht hatte. Nun stand er auf Seiten der kämpfenden Republik und beaufsichtige 1529 einen Teil der Befestigungsarbeiten. Die Medici wollten ihn verhaften lassen, aber er wurde während der ganzen Belagerung vom Prior von San Lorenzo verborgen gehalten in einem Raum hinter der *Sacrestia nuova* und hinterließ an den Wänden seines Verstecks eine Fülle von Zeichnungen, die von einer staunenden Nachwelt 1977 entdeckt wurden. Nach der Niederlage der Republik verließ Michelangelo die Stadt und ging nach Ferrara, wo er in Ehren aufgenommen wurde. Die Medici aber herrschten über Florenz bis die Toskana aufhörte, ein selbständiger Staat zu sein und zur Zeit Maria Theresias Teil der habsburgischen-lothringischen Besitzungen wurde.

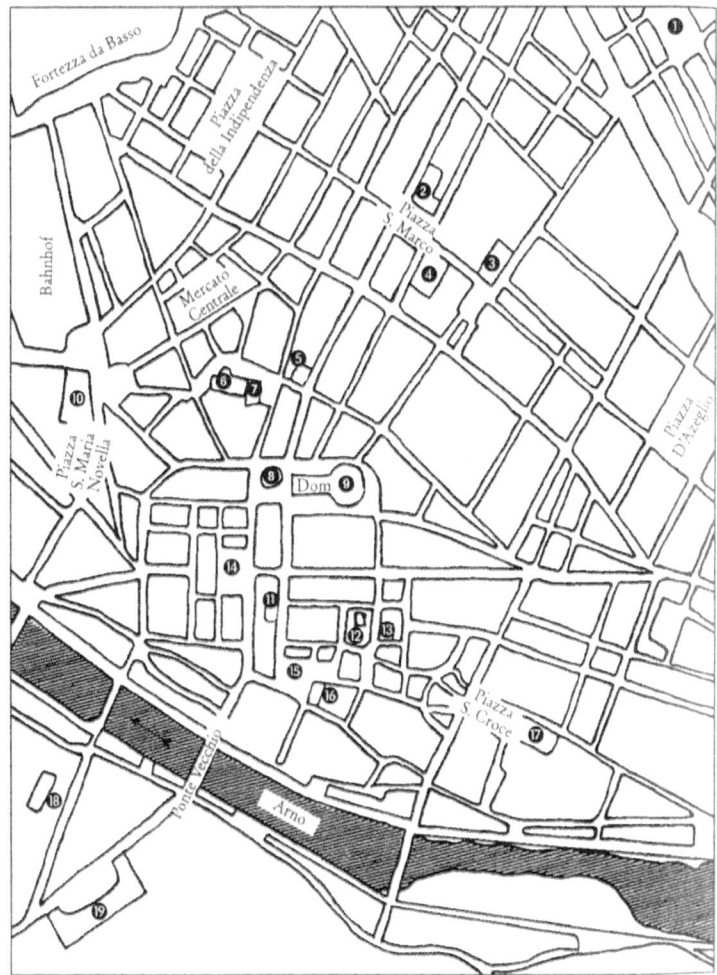

Abb. 28: (Der Stadtplan gibt nur die wichtigsten Straßen wieder.)

1 Piazza Frà Girolamo Savonarola, hier wurde 1882 ein Denkmal für den Mönch aufgestellt.
2 Dominikanerkloster San Marco.
3 Santissima Annunziata, nördlicher Schlusspunkt des urbanistischen Konzepts von Brunelleschi.
4 Galleria dell'Accademia, Gründung der zweiten Hälfte des 18. Jahrhunderts, hier ist heute der David von Michelangelo, das republikanische Freiheitssymbol von 1509, zu sehen.

5 Palazzo Medici-Riccardi, der Architekt Michelozzo begann 1444 im Auftrag von Cosimo de' Medici mit dem Bau.
6 San Lorenzo, in der Sacrestia nuova sind die Medici-Gräber von Michelangelo zu sehen.
7 Biblioteca Laurenziana, gegründet von Cosimo de' Medici, das Treppenhaus stammt von Michelangelo.
8 Baptisterium (San Giovanni), es wurde im 11. Jahrhundert zusammen mit der nicht mehr bestehenden Kathedrale Santa Reparata erbaut.
9 Dom Santa Maria del Fiore, die geniale Kuppel ist von Brunelleschi, die Bemalung aus dem Ende des 19. Jahrhunderts.
10 Santa Maria Novella, Kirche der Dominikaner und Hauptkirche des westlichen Stadtviertels, der heutige Bau ist aus dem 14. Jahrhundert, die Fassade wurde von Alberti vollendet.
11 Orsanmichele, ursprünglich Getreidemarkt, die Loggia wurde ab 1367 mit gotischen Fenstern geschlossen und ist heute eine Kirche. Die Tabernakel der Außenpfeiler beherbergen die Schutzheiligen der Zünfte.
12 Badia fiorentina, Abtei aus dem 10. Jahrhundert Das Gebäude, das im 13. Jahrhundert erweitert wurde, war vor der Errichtung des Palazzo Vecchio Zentrum der Macht in Florenz.
13 Bargello, stark befestigter Sitz des Polizeipräfekten aus dem 13. Jahrhundert, heute Museum.
14 Piazza della Repubblica, hier war bis zur Zerstörung Ende des 19. Jahrhunderts der Mercato Vecchio.
15 Piazza della Signoria, hier wurde Savonarola verbrannt.
16 Palazzo Vecchio, nach dem Bargello das zweite noch ganz mittelalterliche Gebäude, seit Anfang des 14. Jahrhunderts Sitz der Stadtregierung.
17 Santa Croce, Hauptkirche des östlichen Stadtteils, im 13. und 14. Jahrhundert von den Franziskanern errichtet.
18 Santo Spirito, Hauptkirche des südlichen Stadtviertels jenseits des Arno, im 13. Jahrhundert Konvent der Augustiner, der heutige Bau wurde von Brunelleschi begonnen.
19 Palazzo Pitti, seit 1458 errichtet von Fanelli nach einem Entwurf von Brunelleschi, im 16. und 17. Jahrhundert wesentlich erweitert, wodurch der heutige bombastische Eindruck entstand. Der erste Palast in Florenz, der von der Straße zurückgesetzt gebaut wurde, kam 1549 in den Besitz der Medici, die von hier aus die Stadt regierten. 1865–71, als Florenz die Hauptstadt Italiens war, residierte hier König Vittorio Emanuele II.

Nach dem Ende

Nach dem Tode Savonarolas setzte eine Flut von Darstellungen ein, die bis heute nicht abgeebbt ist. Die bisher umfassendste Bibliographie ist die von Mario Ferrara. Er verzeichnet für die Jahre 1801 bis 1952 weit über 600 Werke. Allein für das Jubiläumsjahr 1898 führt er 65 Titel auf. Der weit überwiegende Teil dieser Literatur stammt von Verehrern oder Bewunderern Savonarolas, häufig von Theologen. Die kritischen Stimmen kommen von denjenigen, die in der bürgerlichen Tradition der Bewunderung der Renaissance mit ihren kulturellen Leistungen und der Medici stehen. Beispiele hierfür sind Goethe, Jacob Burckhardt und Thomas Mann bzw. Cleugh, Williamson und vor allem Marcel Brion. Hierher gehören auch eher kuriose Beiträge wie der Aufsatz von Warman Welliver, der vom Auftreten des amerikanischen Senators Joseph McCarthy eine Parallele in die Vergangenheit zog[230]. Eine der frühesten Stellungnahmen zu Savonarola stellt eine Schrift dar, die Herzog Ercole von Ferrara veranlasst hat, der dem Frate unverdrossen die Stange hielt. Autor war sein Verwandter Giovanni Francesco Pico (1469–1533) aus dem westlich von Ferrara gelegenen Ort Mirandola (es handelt sich um den Neffen des fast gleichnamigen berühmten Humanisten). Pico legte 1496 ein »Büchlein über das ungerechte Exkommunikationsurteil für die Unschuld des Propheten Girolamo Savonarola« vor. Pico war ein entschiedener Anhänger von Savonarolas Lehre einer radikalen Reform der Kirche. 1515 verfasste er eine »Verteidigung Girolamo Savonarolas gegen Samuel von Montecassino«, und 1530 erschien seine Biografie des Frate.

In Florenz

Schon zu Lebzeiten des Frate setzte eine lebhafte Flugschriftenliteratur für und wider ihn ein[231]. Auch nach seinem Tode verstummten seine Anhänger nicht. Zwischen dem 14. Dezember 1498 und dem 28. November 1500 starben fünf der Hauptbeteiligten an dem Prozess gegen Savonarola, was von manchen als Fingerzeig Gottes angesehen wurde. Drei Jahre später musste auch Papst Alexander sein Leben lassen und noch ein anderer Herr, der mit der Sache zu tun hatte: »Und am 29. Mai 1503 wurde der Henker auf dem Richtplatz vom Volke mit Steinen getötet. – So groß war die Wut des Volkes, dass sie ihn töteten und die Kinder ihn hierauf bis Santa Croce schleiften. Einige wollten sagen, dass es ihm geschehen sei, weil er jene drei Mönche gehängt und verbrannt hatte.«[232] Dies Beispiel zeigt, dass die Florentiner Savonarolas Ende in unguter Erinnerung hatten.

Die *piagnoni* waren 1498 in die Defensive gedrängt worden, aber das tat ihrer Partei keinen dauerhaften Abbruch. Bereits im folgenden Jahr majorisierten sie wieder die Stadtregierung. Im Juni 1500 durften die 14 von dort verbannten Mönche nach San Marco zurückkehren und 1509 erhielt das Kloster seine zunächst für 50 Jahre verbannte Glocke zurück. Neben den *piagnoni*, deren Anhängerschaft bis in die höchsten sozialen Ränge reichte, gab es noch eine radikale Gruppe von Savonarolafans, die *unti* (Gesalbte). Ihren Namen hatten sie daher, dass ihr Anführer Pietro Bernardino ihnen die Köpfe salbte. Die *unti* hielten nächtens in Bernardinos Haus und außerhalb der Stadt konspirative Versammlungen ab. Bei einer dieser Gelegenheiten soll Bernardino zum »Papst« gewählt worden sein. Er war ein Mann »von niederer Herkunft, …, 25 Jahre alt, von kleiner Gestalt; er hatte schwarze Augen, eine lange Nase und eine heisere Stimme. Ohne jede höhere Bildung, zeichnete er sich vor allem durch große Schlauheit aus.«[233] Es ist nicht klar, ob der Leser bei dieser bewusst missgünstigen Beschreibung aus der Feder von Ludwig Pastor an Savonarola denken soll oder ob an antisemitische Klischees appelliert wird.

Im Frühjahr des Jahres 1500 wurde Bernardino vor die *Otto di Guardia* zitiert. Die Behörde konnte sich aber nicht entschließen, gegen ihn vorzugehen, denn man wollte sich eine erneute Unruhe in der Stadt nicht leisten. Die Inquisitionsbehörde dachte da anders und begann eine Untersuchung wegen Häresie. Bernardino sah darin eine ernstzunehmende Bedrohung; er floh zu Pico, auf dessen Schloss in Mirandola. Zwei Jahre später wurde er dort überrascht, verhaftet und rasch und ohne großes Aufsehen verbrannt. Doch auch später noch gab es Anhänger Savonarolas in Florenz »als eine im Geheimen hinschleichende Sekte«[234]. Ihre Doktrin bezeichnet Pastor als einen »nationalflorentinischen Staatspietismus«[235]. Tatsache ist, dass die *piagnoni* am Wiedererstarken des Republikanismus in Florenz nicht unbeteiligt waren. Die politische Konstellation hatte Ähnlichkeit mit der des Jahres 1494. Und in den kurzen Jahren der Republik nach der zweiten Vertreibung der Medici gelang es den *piagnoni*, die eine oder andere *Signoria* zu stellen.

Heute legen am 23. Mai eines jeden Jahres Vertreter des Dominikanerordens, der Bürgermeister von Florenz und Amtsträger in historischen Kostümen Blumen an der Gedenkplatte auf der Piazza della

Signoria nieder. Der Tag heißt *la fiorita* (die Blüte). Begonnen haben soll die Sitte des Blumenniederlegens schon bald nach Savonarolas Tod, als die Familie des erschlagenen Francesco Valori sich dieses Brauches befleißigte. 1703, als die Familie ausstarb, hatte es zunächst einmal ein Ende damit. Aber 1898 begann die große Savonarolarenaissance. Damals wurde auch die heutige Gedenkplatte angebracht, die nun jedes Jahr mit Blumen geschmückt wird.

Abb. 29: Enrico Pazzi, Statue auf der Piazza Savonarola, Florenz, 1882. Savonarolas linke Hand ruht auf dem Marzocco, dem Löwen, der Florenz symbolisiert.

In der Kirche

Auch außerhalb von Florenz gab es nach Savonarolas Tod viele, die weiter seine Ideen vertraten. In Lucca hatten seine Predigten 1493 und 1495 große Wirkung getan. Im dortigen Dominikanerkonvent San Romano fanden die aus Florenz geflohenen *frateschi* Zuflucht. Der Luccheser Pacifico Burlamacchi, einer der entschiedensten Parteigänger des Frate, trat 1499 in den Dominikanerorden ein und wurde später Subprior von San Romano. Dort »hat die Religion Savonarolas ... eine ganze Generation von Mönchen geprägt«[236]. Burlamacchi (1465–1519) wurde eine Biografie Savonarolas zugeschrieben, die unter seinem Namen erschienen ist, aber wohl erst einige Jahre nach seinem Tode abgefasst wurde. Der Dominikaner Federigo Vincenzo aus Poggio, der ebenfalls dem Konvent San Romano angehörte, hat 1761 eine Neuausgabe dieser Biografie veranstaltet. Auch im 18. Jahrhundert war Savonarola noch ein heikles Thema. Dem Text war deshalb ein Hinweis vorgeschaltet: »Hinweis: Wenn gesprochen wird – von Heiligkeit, Martyrium, der Gnade der Wunder, Prophetie und anderen Dingen, so ist dies alles geschrieben um der historischen Wahrheit willen, aber niemals, um gegen die Anordnungen der heiligen römischen und allgemeinen Inquisition zu verstoßen oder gegen die Anweisungen von Urban VIII. aus dem Jahre 1631.«[237] Der Text selbst zerfällt in zwei Teile: Denkwürdigkeiten aus Savonarolas Leben und eine Liste der von ihm gewirkten Wunder.

Der Spanier Rodrigo de Borja, der sich als Papst Alexander VI. (1492 – 1503) nannte, symbolisiert zweifellos den absoluten moralischen Tiefpunkt in der Geschichte des Papsttums. Sein Nachfolger Pius III. starb wenige Tage nach seiner Wahl. Nun wurde Giuliano della Rovere Papst, der zuletzt zehn Jahre im Exil gelebt hatte. Er nannte sich Julius II. (1503 – 1513) und war ein scharfer Gegner der Borgia. Julius II. versuchte das Papsttum zu modernisieren, gründete die Schweizer Garde und beschäftigte Raffael, Bramante und Michelangelo. Unter seinem Pontifikat hatten die Anhänger Savonarolas ein relativ leichtes Leben, während der Medicipapst Leo X. sie schweren Verfolgungen aussetzte. Dennoch gab es noch das ganze 16. Jahrhundert hindurch eine Fülle von religiösen Erneuerungsbestrebungen mit »stark savonarolianischer Färbung«[238]. Immer wieder traten »Pseudopropheten und ehrgeizige Männer«[239] in seinem Namen auf. Diejenigen, denen es um eine Erneuerung der kirchlichen Tradition zu tun war, sahen im Auftreten Martin Luthers eine Bestätigung ihrer Hoffnungen. Luther verfasste 1523 ein Vorwort zu Savonarolas »Meditatio pia«, die dieser 1498 in der Gefangenschaft geschrieben hatte. Das Vorwort beginnt mit folgenden

Worten: »Martin Luther dem frommen Leser, Gnade und Frieden in Christus. Die heiligen Betrachtungen des heiligen Mannes Girolamo Savonarola bieten wir dir, bester Leser, dar, damit du durch dieses Beispiel erkennst, was für Männer jener Sitz unaussprechlicher Verderbtheit gewöhnlich zugrunde richtet. ... Diese römische Hydra, die der Antichrist gewesen ist, hat gewagt zu hoffen, das Ansehen eines solchen Mannes auszulöschen, auch mit Hilfe von Verleumdungen, aber, siehe, er lebt und sein Andenken wird gepriesen. Christus kanonisiert ihn für uns und vernichtet den Papst und die Papisten zugleich.«[240] Das waren deutliche Worte.

In späterer Zeit fehlte es allerdings auch nicht an Versuchen, Luther vor Savonarola zu retten. Der evangelische Theologe Georg Biermann betont in seiner Dissertation, zwischen beiden gebe es »auch nicht einen einzigen Berührungspunkt«: »Die Kluft, welche Mittelalter und Neuzeit voneinander trennt, trennt auch Savonarola von unserem Deutschen Luther. ... Savonarolas Geist ist im mittelalterlichen Dogmatismus gefesselt, seine Invectiven gegen Rom sind politischer Natur und arten in einen persönlichen Kampf aus. Luther vermeidet bei seinem Reformationswerk jede Politik.«[241] Genau in die entgegengesetzte Richtung zielte der Pfarrer Georg Rapp, der als erster Schriften Savonarolas ins Deutsche übertrug[242], wenn man einmal von den frühen deutschen Übersetzungen der Ausgabe Luthers absieht. Rapp sah in Savonarola den Beginn der Reformation: »Doch der Statthalter der Finsterniß, der sich den Statthalter Gottes nannte, ließ die Wächter von der Zinne führen, denn sie hatten verkündet, was ihm übel gefiel: er ließ seinen Scheiterhaufen gegen den dämmernden Morgen hinaufflammen und Jene darin sterben. Aber die Zeit war erfüllet, die Flammen der Scheiterhaufen schlugen hinauf zum Angesicht der heiligen Gerechtigkeit und die zündete ein Feuer an, das die Ungerechten nicht löschen sollten. Die selbstsüchtige Menschenkraft kann nur zerstören, die Gotteskraft der Liebe nur schaffen. Darum hat die Reformation gesiegt und wird siegen ...«[243]

Ausgangspunkt einer intensiven Debatte innerhalb der katholischen Theologie war dann die Papstgeschichte Ludwig Pastors. Sie erschien in 16 Bänden in den Jahren 1886 bis 1906. Pastor (1854–1928) war Historiker und leitete seit 1901 das österreichische Historische Institut in Rom. Da er die Päpste auf Gedeih und Verderb zu rechtfertigen hatte, musste er mit Savonarola insoweit in Schwierigkeiten geraten, als dieser die päpstliche Autorität negiert hatte. Gegen Pastor trat Paolo Luotto auf[244]. Bei dieser Auseinandersetzung stellte sich Joseph Schnitzer auf die Seite Luottos[245]. Im gleichen Jahr setzte sich Pastor in einer Schrift mit den Kritikern des dritten Bandes seiner Papstgeschichte auseinander[246]. Gleich zu Beginn kommt er auf sein Dilemma zu sprechen: »Dem katholischen Dogma als solchem ist Savonarola in der Theorie stets treu geblieben; gleichwohl hat er mit seiner Läugnung der Strafgewalt des Heiligen Stuhles und seinen Concilsplänen, die im Falle des Gelingens zum Schisma führen mussten, praktisch unkirchliche Tendenzen vertreten.«[247] Joseph Schnitzer (1859–1939) dagegen identifizierte sich sehr stark mit Savonarola, so sehr, dass er selbst in Schwierigkeiten mit der katholischen Obrigkeit geriet. Nur der Einfluss der Dominikaner verhinderte eine Indizierung seiner Veröffentlichungen. Wegen seiner modernistischen Auffassungen wurde Schnitzer 1908 von der Kirche suspendiert. Sein Werk »Der katholische Modernismus« erschien 1912 im Protestantischen Schriftstellervertrieb in Berlin.

Schnitzer war ursprünglich Professor für katholische Theologie in München und widmete der Forschung über den Frate 25 Jahre seines Lebens. Er schrieb nicht nur die umfänglichste Darstellung seines Lebens, sondern gab auch mehrere Bände »Quellen und Forschungen zur Geschichte Savonarolas« heraus. Schnitzers Ziel war es, Savonarola als Kirchenreformator darzustellen, der aber im Gegensatz zu Luther die Tradition bei seiner Reform respektieren wollte und so, wäre er erfolgreich gewesen, die Einheit der Kirche gerettet hätte. Im Vorwort zur italienischen Ausgabe seiner Biografie heißt es: »Wenn Rom getan hätte, was er vorgeschlagen hat, wäre das brennende Verlangen der Christenheit gestillt worden. Luther, Calvin und all die anderen Reformatoren hätten kommen können, aber sie hätten kein Echo gefunden. Mit Savonarola schlug die letzte Stunde für eine rechtmäßige Reform der Kirche.«[248] Diese Position stand der offiziellen Sicht der Kirche, wie sie Ludwig Pastor vertrat, diametral entgegen.

Als Schnitzer seine Auswahl aus Savonarolas Schriften und Predigten vorbereitete, wurde ihm die Erlaubnis zur Benutzung der vatikanischen Bibliothek ohne Angaben von Gründen verweigert. Zur Frage, wer dahinter steckte, bemerkte Schnitzer im Vorwort: »Vielleicht möchte der österreichische Gesandte beim Heiligen Stuhle hierüber Aufschluss geben, der Verfasser der Papstgeschichte, der schon im Jahre 1898 meine in den Historisch-politischen Blättern veröffentlichten Aufsätze gern auf den Index gebracht hätte.«[249]

Als moderner Schnitzer versuchte sich Horst Herrmann (geb. 1940) zu stilisieren. Auch Herrmann war zunächst Professor für Katholische Theologie. Auch er schrieb eine Savonarola-Biografie, die sich

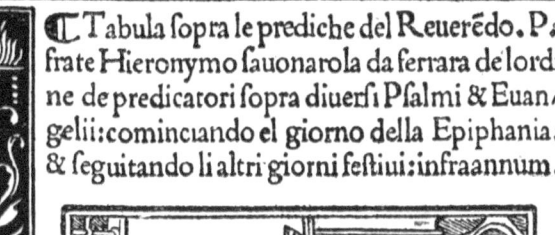

⁋Tabula sopra le prediche del Reuerēdo. P.
frate Hieronymo sauonarola da ferrara de l'ordi
ne de predicatori sopra diuersi Psalmi & Euan-
gelii:cominciando el giorno della Epiphania:
& seguitando li altri giorni festiui:infraannum.

Aperientur labia mea ut recte predicent. Iusti
sunt sermones mei nō est in eis prauitas neq;
quid peruersum. Recti sunt intelligentibus &
æqui inuenientibus scientiam. Prouerbi.viii.

Abb. 30: Titelbild von Savonarolas Predigten über Ezechiel, Venedig 1517.

allerdings weniger durch neue Erkenntnisse auszeichnet als durch den Versuch, Parallelen zum modernen Ketzer Herrmann zu konstruieren. Nach schweren Auseinandersetzungen mit der Kirchen-Obrigkeit wurde ihm 1975 die kirchliche Lehrerlaubnis entzogen. Vor einer Kommission der Deutschen Bischofskonferenz führte er Klage gegen das bischöfliche Verbot, weiterhin Priester auszubilden. Er wollte es amtlich haben, dass er »ein Ketzer ist«[250]. 1981 trat Herrmann aus der Kirche aus, heiratete und wurde Soziologieprofessor.

Im Vorfeld des 500. Todestages von Savonarola gerieten die Dinge erneut in Bewegung. 1997 erklärte der Erzbischof von Florenz Kardinal Piovanelli, eine offizielle Anerkennung seines Martyriums sei nicht ausgeschlossen. Eine theologisch-historische Kommission wurde eingesetzt, deren Vorsitz der konservative Dominikaner Georges Cottier übernahm, ein enger Mitarbeiter des Präfekts der Glaubenskongregation Joseph Ratzinger. Cottier sagte, die Kirche müsse sich für den Scheiterhaufen entschuldigen, auf dem Savonarola verbrannt worden war, doch dazu kam es nicht.

Auf Antrag der Dominikaner setzte Papst Johannes Paul II. 1998 ein Seligsprechungsverfahren in Gang, das jedoch – bisher jedenfalls – ebenfalls zu keinem Ergebnis kam. Das mag damit zusammenhängen, dass Ratzinger, der inzwischen selbst Papst ist, dem Verfahren sehr kritisch gegenüber stand. Ratzinger, heute Papst Benedikt XVI., vertrat der Auffassung, dass Savonarola zwar die Kirche liebte und dem Evangelium dienen wollte, dass er aber auch einen Theokratismus vertreten hatte, der gefährlich sein könne. Dass Savonarola starke Sympathien für eine weltliche Gottesherrschaft hatte, wobei er sich in der Rolle des irdischen Werkzeugs sah, ist nicht zu bestreiten. Und so wird es wohl auch weiterhin in der katholischen Kirche solche geben, die vor allem seine Gottesfürchtigkeit betonen, und andere, die mehr auf seine Unbotmäßigkeit gegenüber dem Papst abheben.

In der italienischen Politik

Verschiedene Temperamente haben verschiedene Sichtweisen zur Folge. Während der brave Apotheker Landucci, aus dessen berühmtem Tagebuch wiederholt zitiert worden ist, aus seiner Zuneigung zu Savonarola keinen Hehl macht und bei dessen Tod ehrliche Trauer erkennen lässt, erweckt der Patrizier und Diplomat Guicciardini lieber den Eindruck, er habe gar keine eigene Meinung zu diesem Thema. Pico della Mirandola wiederum war von der Gestalt des Mönches so fasziniert, dass er ihn mit Christus gleichzusetzen suchte. Und die Dominikaner fuhren fort, ihren Mitbruder zu verherrlichen. Um die Mitte des 19. Jahrhunderts entstand gar im Kloster von San Marco die Bewegung der *piagnoni nuovi*, der »neuen Winsler«.

Im 19. Jahrhundert gewann die Gestalt des Frate ein neues Interesse im Kontext der nationalen Einigungsbewegung. Am wichtigsten ist in diesem Zusammenhang Pasquale Villari (1827–1917), der auch eine zweibändige Biografie Savonarolas vorgelegt hat, die eine Menge bis dahin unveröffentlichter Dokumente ans Licht gebracht hat. Der Historiker Villari stammte aus Neapel und bekleidete dort eine Professur. 1848 beteiligte er sich an der Märzrevolution, deren wichtigstes Ziel es war, die Fremdherrschaft zu beseitigen und an ihre Stelle ein freies und geeintes Italien zu setzen. Doch dem spanischen Bourbonen Ferdinand gelang es, seine Position als Herrscher im Königreich beider Sizilien zu verteidigen, und Villari musste fliehen. Er ließ sich nun in der Toskana nieder und übernahm 1866 eine Professur in Florenz, das im Jahr zuvor Hauptstadt des fast vereinigten Italien geworden war (Rom war noch in der Hand des Papstes). 1867 wurde Villari Deputierter, 1891 Unterrichtsminister und 1903 Präsident des internationalen Historikerkongresses in Rom. Er verfasste Werke zur italienischen und florentinischen Geschichte, weiter schrieb er ein Buch über Dantes »Göttliche Komödie« und Biografien Savonarolas und Machiavellis. Savonarola war für Villari ein Freiheitsheld, der insofern das 19. Jahrhundert antizipierte. Wichtig ist Villari für sein Bild des Predigers die angeblich historisch überlieferte Szene am Sterbebett von Lorenzo de' Medici.

Savonarola sprach zu dem sterbenden Lorenzo, der ihn zu sich gerufen hatte, damit er ihm die Absolution erteile: »Drei Dinge sind notwendig. Welche Dinge, Pater? antwortete Lorenzo. Savonarolas Gesicht verfinsterte sich, und die Finger der rechten Hand ausstreckend begann er: Erstens ein starkes und lebhaftes Vertrauen in die Gnade Gottes. – Ich habe das vollste Vertrauen in sie. Zweitens musst du allen unrechtmäßig erworbenen Reichtum zurückerstatten oder zumindest deine Söhne damit beauftragen. – Hier schien der Prächtige von Überraschung und Gram getroffen zu sein; nichtsdestotrotz gab er sich einen Ruck und nickte zustimmend. Savonarola stand nun auf und, während der sterbende Herrscher furchterfüllt in sein Bett gekauert lag, schien er über seine irdische Gestalt hinauszuwachsen, als er sagte: Schließlich musst du dem Volk von Florenz die Freiheit zurückgeben. Sein Gesicht war ernst, seine Stimme furchterregend, seine Augen schienen die Antwort zu ahnen. Sie fixierten starr die Augen Lorenzos, der ihm, seine ganze verbliebene Kraft sammelnd, ärgerlich den Rücken zukehrte, ohne ein Wort zu sagen. Entsprechend verließ Savonarola ihn, ohne Absolution und ohne die Beichte gehört zu haben.«[251] Villari bemüht sich, in einer mehrere Seiten umfassenden Anmerkung, die Authentizität dieser Episode nachzuweisen[252]. Sie ist zentral für seine Interpretation Savonarolas als republikanischen Freiheitsheld.

Auch eine politische Aussage ist sicherlich die Statue, die die Stadt Florenz dem Mönch aus Ferrara gewidmet hat. Sie wurde am 25. Juni 1882 auf einem nach ihm benannten Platz außerhalb der Altstadt aufgestellt. Die rechte Hand ist mit dem Kreuz himmelwärts gereckt, während die linke sich fest auf den Marzocco stützt, den Löwen, der das Symbol von Florenz ist. Der Sockel der Statue trägt die Aufschrift: »Das befreite Italien dem Girolamo Savonarola nach 384 Jahren«[253].

In der Literatur

Auch die Schriftsteller haben ein erstaunliches Interesse an der Figur des Frate gezeigt. Er wird als Verfechter eines reinen Glaubens (Lenau, Kurz), als heroischer Mystiker (Alessi), als anmaßender Fanatiker (Voss, Eliot) oder als machthungriger Kulturfeind (Uhde, Mann) gezeigt. Die wichtigsten literarischen Bearbeitungen der historischen Gestalt Savonarolas sind im Folgenden in alphabetischer Reihenfolge aufgeführt.[254]

RINO ALESSI, Savonarola. Dramma in cinque atti, 1933
ANONYMUS, Savonarola. Poemetto, 1846
    Ähnlich Villari stellt der Autor Savonarola als Freiheitshelden dar, der Italien von fremdem Ketten befreien will.
ANONYMUS, Fra Girolamo Savonarola. Studio drammatico, 1875
JOSEPH VON AUFFENBERG, Der Prophet von Florenz. Trauerspiel in fünf Aufzügen, 1838
    Auffenberg (1798–1857) war Vorsitzender des badischen Hoftheaterausschusses in Karlsruhe, er versuchte Schiller nachzuahmen und stellte, inspiriert von Fr. Karl Meier, Savonarola als apostolischen Revolutionär dar.
WALLACE A. BACON, Savonarola. A play in nine Scenes, 1950
    Eine Komödie des amerikanischen Dramalehrers, die 1946 Premiere hatte.
FRANZ BACHMANN, Savonarola. Ein Drama in fünf Aufzügen, 1907
KONRAD VON BOLANDEN, Savonarola. Roman, eine alte Geschichte neu erzählt, 1882
    Bolanden ist das Pseudonym des Theologen Joseph Eduard Konrad Bischoff, der im Vatikan hoch im Kurs stand und sich ab 1869 ganz

der Schriftstellerei widmete. Seine populären Werke hatten stark ultramontane Tendenzen. Der Savonarola-Roman war gegen Johannes Scherr gerichtet.

FRANCESCO FORTUNATO CARLONI, Savonarola, Dramma tragico in cinque atti, 1885

ALBERT CASTELNAU, Zanzara, 2 Bde. 1860
Die romanhafte Biografie des französischen Schriftstellers Castelnau (1823–1877) schildert den Kampf zwischen Rationalismus (Machiavelli), Mystizismus (Savonarola) und religiöser Autorität (Loyola).

PIETRO CORELLI, Fra Girolamo Savonarola. Storia del secolo XV, 3 Bde., 1850–51

WILLIAM JAMES DAWSON, Savonarola. A Drama, 1900

KURT DELBRÜCK, Lorenzo von Medici und Savonarola. Roman, 1920

KURT DELBRÜCK, Papst Alexander VI. und Savonarola. Ein Sittenroman aus der Renaissance, 1921
Delbrück (geb. 1859) war Divisionspfarrer in Hannover. Er verfasste zahlreiche Volksschauspiele und historische Romane.

GEORGE ELIOT, Romola, 1863
Eliot (1819–1880; Pseudonym für Mary Ann Evans) war eine der bedeutendsten englischen Frauengestalten des 19. Jahrhunderts. Sie übersetzte David Strauß und Ludwig Feuerbach und arbeitete mit an der freisinnigen »Westminster Review«. In ihren jüngeren Jahren beschrieb sie eine Reihe von Alltagsschicksalen, später verfasste sie psychologische Romane, darunter »Romola«. 1908 erschien eine freie deutsche Übersetzung von Hermann Riesch.

KARL FRENZEL, Schönheit. Novelle, 1887

JOSEPH ARTHUR GRAF GOBINEAU, La Renaissance. Scènes historiques, 1877
Der Diplomat und Orientalist Gobineau (1816–1882) wollte in diesen Szenen die historische Verwirklichung der Moral der Stärke zeigen. Bekannt geworden ist seine Abhandlung »Über die Ungleichheit der Menschenrassen« (1853–55)[255]. Ludwig Schemann, Begründer der deutschen Gobineau-Vereinigung, übersetzte das Werk 1896 ins Deutsche, wodurch es vor allem wirksam wurde. Es beeinflusste unter anderem Friedrich Nietzsche und den Kreis um Richard Wagner.

ROGER DE GOEIJ, Savonarole. Drame en vers, en quatre journées, 1893

ERNST HAMMER, Savonarola. Trauerspiel in fünf Aufzügen und einem Vorspiel »Die Borgias«, 1899

CARL HEPP, Der Prior von San Marco. Ein Drama in fünf Akten, 1898

Isidor Hopfner S. J., Savonarola. Geschichtliches Trauerspiel in fünf Akten, 1908
Newman Howard, Savonarola. A City's Tragedy, 1904
Ludwig Huna, Der Mönch von San Marco. Roman, 1931
Verherrlichung Savonarolas auf der Basis von Schnitzers Biografie.
Ludwig Kelber, Savonarola. Dramatisches Gedicht, 1900
Isolde Kurz, Der heilige Sebastian. Florentiner Novellen, 1890
Kurz (1853–1944) lebte 1877–1913 in Florenz und wurde dort mit Adolf von Hildebrand, Hans von Marées und anderen bekannt.
Nikolaus Lenau, Savonarola. Ein Gedicht, 1837
Lenau (1802–1850; Pseudonym für Nikolaus Niembsch, Edler von Strehlenau) hatte einen epischen Zyklus über Savonarola, Hus und Hutten geplant, von dem aber nur der erste Teil zustande kam.
Raimund von Leon, Savonarola. Trauerspiel in fünf Aufzügen, 1902
Peter Lohmann, Girolamo Savonarola. Historisches Trauerspiel in drei Acten, 1856
Thomas Mann, Fiorenza. Drei Akte, 1905
Mann (1875–1955) entwickelt in seinem einzigen, 1904 entstandenen, Drama den Gegensatz von Geist und Kunst an den Gestalten von Lorenzo de' Medici und Savonarola. Vorausgegangen war die Novelle »Gladius Dei« (1902). Das Drama endet mit einem Ausruf Savonarolas: »Ich liebe das Feuer.«[256]
Ugo Mioni, Girolamo Savonarola. Romanzo, 1941
Salvatore Mormone, Savonarola. Tragedia in cinque atti, 1863
Thematisiert den Gegensatz zwischen Machiavelli und Savonarola ähnlich wie Prezzolini 234.
Giuseppe Revere, I piagnoni e gli arrabiati al tempo di Fra Girolamo Savonarola. Dramma storico, 2 Bde., 1843
Armand Salacrou, La terre est ronde. Histoire de rire, 1938
Salacrou (1899–1989) war Verfasser von zeitgenössischen Lustspielen und Dramen. In diesem Stück thematisiert er die Verführung des sich auserwählt Glaubenden zu inhumanen Machtmitteln. Eine deutsche Übersetzung erschien 1946 unter dem Titel »Die Erde ist rund«.
Caracciolo di Sant'Arpino, Savonarola. Drame historique en six actes, 1873 Johannes Scherr, Der Prophet von Florenz. Wahrheit und Dichtung, 3 Bde., 1845
Scherr (1817–1886) war einer der Führer der süddeutschen Demokraten; er wurde 1848 in die württembergische Abgeordnetenkammer gewählt und musste nach der Niederlage der Revolution in die

Schweiz emigrieren. In Savonarola sah er den heldenhaften Verkünder eines evangelischen Christentums.

ERNST SCHREINER, Die Meistergeige. Eine geschichtliche Erzählung aus den Tagen Savonarolas, 1921

WILLY THARANN, Savonarola. Tragödie in sechs Aufzügen, 1926

GABRIEL TRARIEUX, Les Vaincus, 1900
Das Drama besteht aus den beiden Teilen »Hypathie« und »Savonarole«. Die Neuausgabe »Les Vaincus. Hypathie, 4 actes« (1904) enthält ein Vorwort von Georges Clemenceau. Eine deutsche Übersetzung erschien 1913.

WILHELM UHDE, Savonarola. Ein Schauspiel in fünf Akten, 1901

RICHARD VOSS, Savonarola. Trauerspiel in fünf Aufzügen, 1878
Voß (1851–1918) lebte mit Unterbrechungen als freier Schriftsteller in Frascati.

WILHELM WEIGAND, Savonarola. Ein dramatisches Gedicht in fünf Akten, 1892
Der Schriftsteller und Publizist Weigand (1862–1949), der ab 1889 in München lebte, zeigt Lorenzo de' Medici, Pico und Savonarola in ihrem jeweiligen Streben nach Glück für die Menschheit.

HELENE VON WILLEMOES-SUHM, Savonarola. Tragödie in fünf Akten, 1902

WILLIAM VAN WYCK, Savonarola. A Biography in Dramatic Episodes, 1926

Zeittafel

1420	Cosimo de' Medici (1389–1464) übernimmt die Leitung der Medici-Bank
1429	Cosimo de' Medici folgt seinem Vater Giovanni di Bicci de' Medici (1360–1429) als Anführer der Volkspartei
1433	Verbannung der Medici aus Florenz Marsilio Ficino wird in Figline Valdarno geboren
1434	Wahlsieg und Rückkehr der Medici, dafür Verbannung von Rinaldo degli Albizzi und seinen Anhängern
1444/45	Sandro Botticelli wird in Florenz geboren
1452	Girolamo Savonarola wird am 21. September in Ferrara geboren
1453	Fall von Konstantinopel
1454	Friede von Lodi: Pentarchie von Venedig, Mailand, Florenz, Kirchenstaat und Neapel
1463	Giovanni Pico della Mirandola kommt am 24. Februar in Mirandola zur Welt
1464	Cosimo de' Medici stirbt am 1. August
1464–69	Cosimos Sohn Piero de' Medici (1416–1469) ist das Oberhaupt der Familie
1469	Lorenzo de' Medici (1449–1492) wird Herr der Stadt Machiavelli wird am 3. Mai in Florenz geboren
1471–84	Papst Sixtus IV.
1472	Savonarola verfasst das Gedicht »Vom Verderben der Welt« (De ruina mundi)
1475	Savonarola verfasst das Gedicht »Vom Verderben der Kirche« (De ruina ecclesiae), am 25. April verlässt er sein Elternhaus und tritt in das Dominikanerkloster in Bologna ein
1476	Savonarola wird zum Priester geweiht
1478	Pazziverschwörung, Lorenzo de' Medici wird leicht verletzt, sein Bruder Giuliano ermordet
1478–80	Der Papst führt Krieg gegen Florenz
1479	Savonarola kehrt nach Ferrara zurück
1480	Verfassungsreform in Florenz, die die Oligarchie der Medici weiter festigt
1481–84	Ferrara-Krieg

1482	Savonarola geht an das Kloster S. Marco in Florenz
1483	Karl VIII. (1470–1498) wird König von Frankreich
	Am 10. November wird Martin Luther geboren
1484–92	Papst Innozenz VIII.
1487	Savonarola geht wieder nach Bologna
1490	Nach Predigten in verschiedenen Städten kehrt Savonarola im Frühsommer nach Florenz zurück
1491	Im Juli wird Savonarola Prior von San Marco
1492	In der Fastenzeit predigt Savonarola erstmals im Dom
	Lorenzo de' Medici stirbt am 8. April in der Villa Careggi
1492–94	Lorenzos Sohn Piero di Lorenzo de' Medici (1471–1503) versucht die Stadt zu beherrschen
1492–1503	Papst Alexander VI.
1493	Auf Betreiben Savonarolas trennt sich S. Marco von der lombardischen Kongregation des Dominikanerordens
	Am 15. November wird Savonarola als Provinzial eingesetzt
1494	Savonarola prophezeit die Ankunft eines »neuen Kyros«
	Im September beginnt Karl VIII. seinen Italien-Feldzug
	Am 26. Oktober begibt sich Piero de' Medici zu Karl VIII., erreicht aber überhaupt nichts
	Der Rat der Siebzig schickt eine Delegation zu Karl VIII., der auch Savonarola angehört
	Am 9. November muss Piero de' Medici aus Florenz fliehen
	Die Franzosen ziehen am 17. November in Florenz ein, am selben Tag stirbt Giovanni Pico della Mirandola
	Im Dezember gibt sich Florenz eine neue Verfassung
1495	Im Januar hält Savonarola sieben »Predigten über die Psalmen«
	Mit Breve vom 21. Juli zitiert Alexander VI. Savonarola nach Rom
	Am 30. September rechtfertigt sich Savonarola in einem ausführlichen Schreiben an den Papst, lehnt es aber ab, nach Rom zu kommen
	Am 11. Oktober hält Savonarola im Dom von Florenz eine ausgesprochen unversöhnliche Predigt
	In einem Breve vom 16. Oktober zitiert Alexander VI. Savonarola erneut nach Rom und erlässt ein vorläufiges Predigtverbot
1496	Am 1. Januar verliert Florenz die Herrschaft über Pisa

Savonarola hält in den ersten Monaten in Florenz und an anderen Orten zahlreiche Predigten
Am 26. März informiert der florentinische Gesandte in Rom die Signoria, dass der Papst die Bestrafung Savonarolas fordert
Savonarola ist auf dem Höhepunkt seiner Macht und predigt das ganze Jahr hindurch immer wieder

1497 Am 7. Februar Verbrennung der Eitelkeiten
Alexander VI. exkommuniziert Savonarola mit Breve vom 13. Mai, das am 18. Juni in den Kirchen von Florenz verlesen wird, mehr als 350 Florentiner unterzeichnen eine Petition an den Papst zugunsten Savonarolas
Savonarola schreibt »Der Triumph des Kreuzes«

1498 Zu Beginn des Jahres schreibt Savonarola die »Abhandlung über Verfassung und Verwaltung der Stadt Florenz«
Am 11. Februar beginnt Savonarola trotz Exkommunikation wieder zu predigen
Am 17. Februar zweite Verbrennung der Eitelkeiten
Am 26. Februar droht der Papst, Florenz mit dem Bann zu belegen
Vom 4. bis 18. März hält Savonarola Predigten in San Marco, als Zuhörer sind nur Männer zugelassen
Am 17. März verbietet die Signoria Savonarola das Predigen, weist aber die Forderung des Papstes, ihn auszuliefern, zurück
Am 7. April stirbt Karl VIII. durch einen Unfall auf Schloss Amboise
Die mit den Franziskanern für den 7. April verabredete Feuerprobe wird vereitelt
Am 8. April versucht Savonarola letztmals zu predigen, bei dem Sturm auf San Marco kommt es zu schweren Kämpfen
Am 9. April wird Savonarola verhaftet, bis zum 17. April wird er täglich verhört und gefoltert, am 19. April werden die erzwungenen Geständnisse öffentlich verlesen
Trotzdem ist die Signoria nicht zufrieden und es gibt vom 21. bis 24. April einen zweiten Prozess
Der Papst ist bereit, auf die Auslieferung Savonarolas zu verzichten, verlangt aber einen dritten Prozess, der am 20. Mai unter Mitwirkung zweier päpstlicher Abgesandter stattfindet

	Am 22. Mai wird das Todesurteil gegen Savonarola und zwei weitere Dominikaner verkündet
	Am 23. Mai werden alle drei auf der Piazza della Signoria hingerichtet
	Am 19. Juni wird Machiavelli Kanzleisekretär
1499	Im März majorisieren Savonarolas Anhänger erneut die Stadtregierung
	Marsilio Ficino stirbt am 1. Oktober in Careggi
1502	Piero Soderini wird als erster zum *Gonfaloniere di Giustizia* auf Lebenszeit gewählt
1503	Piero di Lorenzo de' Medici stirbt am 28. Dezember in Gaeta
1503–13	Papst Julius II.
1510	Botticelli stirbt am 17. Mai in Florenz
1512	Die Medici erobern Florenz mit spanischer Hilfe zurück und werden zu Herzögen erhoben
	Machiavelli wird aus den Diensten der Stadt entlassen und vorübergehend ins Gefängnis geworfen
1513	Machiavelli wird auf sein Landgut verbannt und verfasst seine Abhandlung »Der Fürst« (Il Principe), die jedoch erst 1532 gedruckt wird
1513–21	Papst Leo X. (Giovanni de' Medici)
1523–34	Papst Klemens VII. (Giulio de' Medici)
1527	Neuerliche Vertreibung der Medici
	Machiavelli stirbt am 22. Juni in Florenz
1527–30	Letzte florentinische Republik
1530	Die Stadt kapituliert vor einem kaiserlich-päpstlichen Heer, Wiedereinsetzung der Medici
	Auflösung der toskanischen Kongregation des Dominikanerordens
1532	Alessandro de' Medici wird Herzog von Florenz, eigentlicher Herrscher ist aber Papst Klemens VII.
1875	Am 23. Mai wird in Ferrara auf der Piazza Castello eine Savonarola-Statue enthüllt
1882	In Florenz wird auf der Piazza Savonarola eine Statue des Predigers aufgestellt
1898	Am 23. Mai wird am Ort von Savonarolas Hinrichtung auf der Piazza della Signoria eine Gedenktafel eingelassen
1998	Am 23. Mai wird von Papst Johannes Paul II. das Seligsprechungsverfahren in Gang gesetzt

Bibliografie

ANTONETTI, PIERRE, Savonarola, Düsseldorf 2007
BAUER, HANS, Feuer in Florenz. Triumph und Tragödie des Dominikanermönchs Girolamo Savonarola, Leipzig 1976
Baxandall, Michael, Die Wirklichkeit der Bilder. Malerei und Erfahrung im Italien des 15. Jahrhunderts, Frankfurt/M. 1977
BIERMANN, GEORG, Kritische Studien zur Geschichte des Fra Girolamo Savonarola, Köln 1901
BORKENAU, FRANZ, Vom feudalen zum bürgerlichen Weltbild. Studien zur Philosophie der Manufakturperiode, (1934) Darmstadt 1973
BREDEKAMP, HORST, Renaissancekultur als Hölle: Savonarolas Verbrennungen der Eitelkeiten, in: Bildersturm. Die Zerstörung des Kunstwerks, hrsg. v. Martin Warnke, Frankfurt/M. 1977, 41 ff
BRION, MARCEL, Savonarola, le hérault de Dieu, Paris 1948
BRION, MARCEL, Die Medici. Eine Florentiner Familie, Wiesbaden 1970
BURKE, PETER, Die Renaissance in Italien. Sozialgeschichte einer Kultur zwischen Tradition und Erfindung, Berlin 1992
BURLAMACCHI, PACIFICO, Vita del P. F. Girolamo Savonarola, hrsg. v. Federigo Vincenzo di Poggio, NA Lucca ²1764
CAVALCANTI, GIOVANNI, Istorie fiorentine, hrsg. v. Filippo Luigi Polidori, Florenz 1838/39
CAPPONI, GINO, Storia della repubblica di Firenze, 2 Bde., Florenz 1875
ANDRÉ CHASTEL/ROBERT KLEIN, Die Welt des Humanismus. Europa 1480–1530, München 1963
La Chiesa e il Convento di San Marco a Firenze, 2 Bde., Florenz 1990
CHLEDOWSKI, KAZIMIERZ, Der Hof von Ferrara, München 1919
CIARDINI, MARINO, I banchieri ebrei in Firenze nel secolo XV e il Monte di Pietà, fondato da Girolamo Savonarola, (1907) Florenz 1970
CLEUGH, JAMES, Die Medici. Macht und Glanz einer europäischen Familie, München 1977
CULTURAL ATLAS of the Renaissance, New York 1993
DEL LUNGO, STEFANO, Fra Girolamo Savonarola, in: Archivio Storico Italiano, N.S. 18, 1863, S. 3 ff
FANELLI, GIOVANNI, Firenze architettura e città, 2 Bde., Florenz 1973
FERRARA, MARIO, Savonarola, 2 Bde., Florenz 1952
GARIN, EUGENIO, La cultura filosofica del Rinascimento italiano, Florenz 1961

GNERGHI, GUALTIERO, Girolamo Savonarola e i fanciulli, in: La Rassegna Nazionale 117, 1901, 345 ff
GOTTLOB, ADOLF, Hieronymus Savonarola, Breslau 1929
GRASSI, ERNESTO, Humanismus und Marxismus. Zur Kritik der Verselbständigung von Wissenschaft, Reinbek 1973
GUICCIARDINI, FRANCESCO, Storie fiorentine dal 1378 al 1509, hrsg. v. Roberto Palmarocchi, (1931) Bari 1968
GUIDI, GUIDUBALDO, La corrente savonaroliana e la petizione al Papa del 1497, in: Archivio di Stato 142, 1984, S. 31 ff
HEFELE, KARL, Der Heilige Bernhardin von Siena und die Franziskanische Wanderpredigt in Italien während des 16. Jahrhunderts, Freiburg 1912
HERRMANN, HORST, Savonarola. Der Ketzer von San Marco, Gütersloh 1977
HEYCK, EDUARD, Florenz und die Mediceer, Bielefeld ²1902
HOLMES, GEORGE, How the Medici became the Pope's Bankers, in: Florentine Studies. Politics and Society in renaissance Florence, hrsg. v. Nicolas Rubinstein, London 1968
HORKHEIMER, MAX, Egoismus und Freiheitsbewegung (1936), in: M. H., Traditionelle und kritische Theorie, Frankfurt/M. 1970, S. 95 ff
IBERTIS, ENRICO, La democrazia nel pensiero di Fra Girolamo Savonarola, in: Vita Sociale 5, 1948, S. 343 ff
IBERTIS, ENRICO, Ricchi e proveri, in: Vita Sociale 5, 1948, S. 468 ff
KENT, DALE, The Florentine *Reggimento* in the Fifteenth Century, in: Renaissance Quarterly 28, 1975, S. 575 ff
KLEIN, ROBERT, Le Procès de Savonarole, Paris 1957
LANDUCCI, LUCA, Ein Florentinisches Tagebuch 1450–1516, hrsg. von Marie Herzfeld, 2 Bde., Jena 1912/13
LUOTTO, PAOLO, Il vero Savonarola e il Savonarola di L. Pastor, (1897, ²1900) Florenz 1998
MARKS, L. F., La crisi finanziaria a Firenze dal 1494 al 1502, in: Archivio Storico Italiano 112, 1954, S. 40 ff
MARKS, L. F., The Financial Oligarchy in Florence under Lorenzo, in: Italian Renaissance Studies, hrsg. v. Ernest Fraser Jacob, London 1960, S. 123 ff
MAZZONE, UMBERTO, »El buon governo«. Un progetto di riforma generale nella Firenze savonaroliana, Florenz 1978
MEIER, FR. KARL, Girolamo Savonarola aus großen Theils handschriftlichen Quellen dargestellt, Berlin 1836
MERZBACHER, FRIEDRICH, Die Staatslehre des Dominikaners Girolamo

Savonarola, in: Staat und Gesellschaft. Festschrift Günther Küchenhoff, hrsg. Franz Mayer, Göttingen 1967, S. 87 ff
MICHELETTI, EMMA, Die Medici in Florenz, Florenz 1993
MOLHO, ANTHONY, Florentine Public Finances in the Early Renaissance, Cambridge/Mass. 1971
MÜNKLER, HERFRIED, Machiavelli. Die Begründung des politischen Denkens der Neuzeit aus der Krise der Republik Florenz, Frankfurt/M. 1982
Nuovi documenti intorno a Fra Girolamo Savonarola, Florenz 1876
OLIPHANT, ELWIn, Savonarola, eine Feuerflamme, Berlin 1906 (= Gekrönte Gottesstreiter, Bd. 3)
ORIGO, IRIS, Der Heilige der Toscana. Leben und Zeit des Bernardino von Siena, München 1989
PAASSEN, PIERRE VAN, A Crown of Fire. The Life and Times of Girolamo Savonarola, London 1961
PASTOR, LUDWIG von, Zur Beurtheilung Savonarolas, Freiburg 1898
PASTOR, LUDWIG VON, Geschichte der Päpste, Bd. III 1, Freiburg ^{10}1938
PIPER, ERNST, Der Stadtplan als der Grundriss der Gesellschaft. Topographie und Sozialstruktur in Augsburg und Florenz um 1500, Frankfurt/M. 1982
PIPER, ERNST, Der Aufstand der Ciompi. Über den »Tumult« der Wollarbeiter im Florenz der Frührenaissance, Zürich 2000
POLIZZOTTO, LORENZO, The Elect Nation. The Savonarolan Movement in Florence 1494–1545, Oxford 1994
RANKE, LEOPOLD VON, Savonarola und die florentinische Republik gegen Ende des fünfzehnten Jahrhunderts (1878), München 1919
RIDOLFI, ROBERTO, Studi savonaroliani, Florenz 1935
RIDOLFI, ROBERTO, Vita di Girolamo Savonarola, Florenz 1952
ROOVER, RAYMOND DE, The Rise and Decline of the Medici Bank 1397–1494, Cambridge/Mass. 1963
RUBINSTEIN, NICOLAI, I primi anni del Consiglio Maggiore di Firenze (1494–99), in: Archivio Storico Italiano 112, 1954
RUBINSTEIN, NICOLAI, Politics and Constitution in Florence at the End of the Fifteenth Century, in: Italian Renaissance Studies, hrsg. v. Ernest Fraser Jacob, London 1960, S. 148 ff
RUBINSTEIN, NICOLAI, The Government of Florence under the Medici. 1434 to 1494, Oxford u.a. ^{2}1997
SALTER, F. R., The Jews in Fifteenth-Century Florence and Savonarola's Establishment of a Mons Pietatis, in: The Cambridge Historical Journal V 2, 1936, S. 193 ff

SATTLER, STEPHAN, Girolamo Savonarola, in: Das politische Denken der Florentiner Humanisten, hrsg. v. Walter Rothholz, Kastellaun 1976, S. 95 ff

[SAVONAROLA, GIROLAMO], Alcune lettere di Fra Girolamo Savonarola ora per la prima volta pubblicate, hrsg. v. Gino Capponi, 1858

SAVONAROLA, GIROLAMO, Auswahl aus seinen Schriften und Predigten, hrsg. v. Joseph Schnitzer, 1928

[SAVONAROLA, GIROLAMO], Savonarola. Ketzer oder Heiliger?, Eingeleitet, ausgewählt und übersetzt von Gundolf Gieraths, Freiburg 1961

SAVONAROLA, GIROLAMO, Edizione nazionale delle opere, 23 Bde., Rom 1955–1999

SCHNITZER, JOSEPH, Savonarola und die Feuerprobe, München 1904 (= Quellen und Forschungen zur Geschichte Savonarolas, Bd. 2)

SCHNITZER, JOSEPH, Savonarola. Ein Kulturbild aus der Zeit der Renaissance, 2 Bde, München 1924

SEMENTOVSKY-KURILO, Nikolaus, Savonarola. Revolutionär, Ketzer oder Prophet?, Olten 1950

TEICHMANN, ALFRED, Savonarola in der deutschen Dichtung, Berlin-Leipzig 1937

UGOLINI, PIERO, La ragione politica cede: Fra' Girolamo riforma la città per la Chiesa, in: hrsg. v. P. U., Un'altra Firenze. L' epoca di Cosimo il Vecchio, Florenz 1971, S. 655 ff

VILLARI, PASQUALE, Geschichte Girolamo Savonarolas und seiner Zeit nach neuen Quellen dargestellt, 2 in 1 Bd., Leipzig 1868

VORLÄNDER, KARL, Philosophie der Renaissance. Beginn der Naturwissenschaft, Reinbek 1965

WEINSTEIN, DONALD, Savonarola and Florence. Prophecy and Patriotism in the Renaissance, Princeton 1970

WELLIVER, WARMAN, L'impero fiorentino, Florenz 1957

WILLIAMSON, HUGH ROSS, Lorenzo the Magnificent, London 1974

ZÖLLNER, FRANK, Sandro Botticelli, München u.a. 2005

Anmerkungen

1. Pastor, 1938, S. 180.
2. Heyck, 1902, S. 118.
3. Romano/Tenenti, 1967, S. 236.
4. Küng, Hans, Das Christentum. Wesen und Geschichte, München 1994, S. 547.
5. Vgl. Burke, 1992, S. 211.
6. Romano/Tenenti, 1967, S. 14.
7. Münkler, 1982, S. 132.
8. Vgl. Piper, 2000, S. 27 ff.
9. Seine Rezeption der klassischen Antike, die später in anderer Form in der Französischen Revolution wieder aufgenommen wurde, brachte ihn zu mystischen Ideen, die von seiner politischen Intention abführten. Zur Bedeutung Rienzos vgl. Horkheimer, 1970, S. 110 ff.
10. Vgl. Piper, 2000, S. 63 ff.
11. Borkenau, 1973, S. 101.
12. Zit. Müller, Michael, Künstlerische und materielle Produktion. Zur Autonomie der Kunst in der italienischen Renaissance, in: Autonomie der Kunst. Zur Genese und Kritik einer bürgerlichen Kategorie, Frankfurt/M. 1972, S. 57.
13. Chledowski, 1919, S.69.
14. Savonarola, Michele, Confessionale, zit. Chledowski, 1919, S.50.
15. Schnitzer, Einleitung zu Savonarola, 1928, IV.
16. Schnitzer, 1924, Bd. I, 13.
17. Zit. ebd. Vgl. hierzu Paassen, 1961, S. 37 ff.
18. Antonetti, 2007, S. 20.
19. Schnitzer, 1924, Bd. I, S. 14.
20. Burlamacchi, 1764, S. 5 f.
21. Savonarola, 1928, S. 2.
22. Antonetti, 2007, S. 25.
23. Le Goff, Jaques, Das Hochmittelalter, Frankfurt/M. 1965 (= Fischer Weltgeschichte, Bd. 11), S. 245.
24. Jakob Sprenger/Heinrich Institoris, Malleus Maleficarum, Speyer 1486. Erste deutsche Ausgabe: Jakob Sprenger/Heinrich Institoris, Der Hexenhammer, Aus dem Lateinischen übertragen und eingeleitet von J.W.R. Schmidt, Berlin 1906. Heute maßgebliche Neuübersetzung: Heinrich Kramer (Institoris), Der Hexenhammer Malleus Maleficarum, Kommentierte Neuübersetzung, Hrsg. von Günter Jeronschek und Wolfgang Behringer, München 2000.
25. http://www.dominikaner.de/geschichte/inquisition.htm (18.01.2009).
26. Ranke, 1925, S. 79.
27. Vgl. Schenkluhn, Wolfgang, Architektur der Bettelorden. Die Baukunst der Dominikaner und Franziskaner in Europa, Darmstadt 2000.
28. Schnitzer, 1924, Bd. I, S. 25.
29. Pastor, 1938, S. 160.

30 Capponi, 1976, Bd. II, S. 461 über Savonarolas ersten Aufenthalt in Florenz: »Als junger Mann aus Ferrara gekommen, wo er eine Art venezianischen Dialekt gesprochen hatte, begann er in Florenz zu predigen. Am Anfang sagte er *ti* und *mi*, worüber die anderen Mönche sich amüsierten. Er wurde später ein großer Redner, nachdem er eine korrekte und richtige Sprache erlernt hatte, ohne jemals zu sehr zu versuchen, sich eine typisch florentinische Sprechweise anzueignen.«
31 Vocabolario degli Academici della Crusca, 1612, ⁴1729–38. Vgl. auch http://www.accademiadellacrusca.it (18.01.2009).
32 Brion, 1970, S. 14 ff.
33 Vgl. Piper, 2000, S. 53 ff.
34 1411 wurde noch eine zweite Medici-Bank in Rom gegründet, die jedoch bei weitem nicht die Bedeutung der ersten gewann. Vgl. Holmes, 1968.
35 Ebd., S. 364.
36 De Roover, 1963, S. 48.
37 Ebd., S. 226 f.
38 Ebd., S. 16.
39 Molho, 1971, S. 161 f.
40 Ebd., S. 175.
41 Ebd., S. 179.
42 Ebd., S. 180 f.
43 Cavalcanti, 1838/39, II S. 400.
44 Heyck, 1902, S. 32.
45 Ebd., S. 37.
46 Rubinstein, 1997, S. 110.
47 Vgl. Piper, 2000, S. 101.
48 Antonelli, G., La magistratura degli Otto di Guardia a Firenze, Archivio Storico Italiano 112 (1954), S. 7. Eine Polizei im heutigen Sinne gab es natürlich noch nicht; das italienische *guardia* bezeichnet alle Uniformträger, die irgendwelche Sicherheitsfunktionen wahrnehmen.
49 Ebd. S. 15.
50 Ilardi, Vincent, The Italian League, Francesco Sforza and Charles VII (1454–61), Studies in the Renaissance VI (1959), S. 131.
51 Villari, 1868, S. 59.
52 Vorländer, 1965, S. 26.
53 Grassi, 1973, S. 101 Anm. 47.
54 Vgl. Piper, 2000, S. 105 ff.
55 zur Lippe, Rudolf, Naturbeherrschung am Menschen, Bd. 1: Körpererfahrung als Entfaltung von Sinnen und Beziehungen in der Ära des italienischen Kaufmannskapitals, Frankfurt/M. 1974, S. 291 ff.
56 Borkenau, Franz, Zur Soziologie des mechanistischen Weltbildes, Zeitschrift für Sozialforschung 1 (1932), S. 316.
57 Wer sich für Lorenzos Karnevalsdichtung interessiert, sei verwiesen auf Bowra, Cecil Maurice, Songs of Dance and Carnival, in: Italian Renaissance Studies, hrsg. v. Jacob, Ernest F., London 1960, S. 328 ff.

58 Williamson, 1974, S. 255.
59 Fanelli, 1973, Bd. 1, S. 287.
60 Baxandall, 1977, S. 88.
61 Zit. Landucci, Bd. 1, 1912, S. 74 f Anm. 3.
62 Baxandall, 1977, S. 89.
63 Vgl. Bachtin, Michail M., Literatur und Karneval. Zur Romantheorie und Lachkultur, München 1969, S. 50, und Cox, Harvey G., The Feast of Fools. A Theological Essay on Festivity and Fantasy, Cambridge/Mass. 1969, S. 3 f.
64 Kerenyi, Karl, Ursinn und Wandel des Utopischen, in: Eranos-Jahrbuch 1963, Frankfurt/M. 1964, S. 22.
65 Catholy, Eckehard, Fastnachtspiel, Stuttgart 1966, S. 13.
66 Bachtin (Anm. 63), S. 48.
67 Ebd., S. 59
68 de Roover, Raymond, Cosimo de' Medici come banchiere e mercante, Archivio Storio Italiano 123 (1965), S. 468.
69 Zit. Rubinstein, 1997, S. 221.
70 De Roover, 1963, S. 30 f.
71 Landucci, Bd. 1, 1912, S. 30.
72 Marks, 1960, S. 136. Bei den *prestanze* gab es immer zwei Möglichkeiten: Entweder man bezahlte den geforderten Betrag und erhielt eine Staatsanleihe in gleicher Höhe, wovon v.a. die Wohlhabenden gern Gebrauch machten. Oder man zahlte nur ein Drittel der Summe und gab das Geld dafür verloren. Es ist daher allgemein üblich, die *prestanze* mit zu den Steuern zu rechnen.
73 Ebd., S. 137.
74 Zit. Landucci, Bd. 1, 1912, S. 59 Anm.
75 Romano/ Tenenti, 1967, S. 199.
76 Cleugh, 1977, S. 254.
77 Ob hier ein Zusammenhang besteht, ist bis heute umstritten. Vgl. Haustein, Hans, Die Frühgeschichte der Syphilis 1495–1498, Berlin 1930 und Bäumler, Ernst, Amors vergifteter Pfeil. Kulturgeschichte einer verschwiegenen Krankheit, Hamburg 1976, S. 15 ff.
78 Giucciardini, 1968, S.94.
79 Landucci, Bd. 1, 1912, S. 106 f.
80 Zit. Capponi, 1875, III S. 346.
81 Landucci, Bd. 1, 1912, S. 108.
82 Ebd., S. 108 ff.
83 Ebd., S. 128.
84 Ebd., S. 129 f. Die »verschämten Armen« waren wie die »Hausarmen« Leute, die »unverschuldet in Not geraten« waren und sich nicht vom Bettel ernährten, sondern in äußerster Zurückgezogenheit ihr Dasein fristeten und auf Unterstützung angewiesen waren.
85 Ebd., S. 130.
86 Zit. Hefele, 1912, S. 57.
87 Savonarola, Girolamo, Prediche sopra Aggeo, 1965 (= Edizione nazionale), S. 244.

⁸⁸ Landucci, Bd. 1, 1912, S. 132.
⁸⁹ Savonarola (Anm. 87), S. 210.
⁹⁰ Ebd., S. 211 f.
⁹¹ Ebd., S. 212 f.
⁹² Ebd., S. 220.
⁹³ Ebd., S. 228.
⁹⁴ Landucci, Bd., 1912, S. 132.
⁹⁵ Das Frauenverbot vermerkt Landucci auch für die folgenden beiden Sonntage. Vgl. ebd., S. 133 u. S. 135.
⁹⁶ Vgl. Guicciardini, 1968, S. 109; Mazzone, 1978, S. 46 ff; Weinstein, 1970, S. 248 f. Besonders der venezianische *Consiglio Maggiore* galt als nachahmenswert. Vgl. Maranini, Guiseppe, La Costituzione di Venezia, Bd. 2, (1931) Firenze 1974, S. 33 ff und Lane, Frederic C., Venice. A Maritime Republic, Baltimore ⁴1987, S. 429: Fig. 40 «The Structure of the Government«
⁹⁷ Die *Tre Maggiori* waren: die acht Prioren, die 16 *gonfalonieri* und die *buonuomini*.
⁹⁸ Rubinstein, 1954, S. 180. Das dort zitierte Datum ist im florentinischen Stil, daher Verschiebung um ein Jahr. Die Leitung der Bauarbeiten hatten Antonio da San Gallo und Simone di Tommaso del Pollaiolo, der ein Anhänger Savonarolas war. Die Teilnahme Leonardos ist Legende; vgl. Orlandi, Giulio Lensi, Il Palazzo Vecchio di Firenze, Florenz 1977, S. 89 f.
⁹⁹ Landucci, Bd. 1, 1912, S. 139.
¹⁰⁰ Zit. Marks, 1954, S. 45.
¹⁰¹ Zit. Mazzone, 1978, S. 100 f.
¹⁰² Zit. ebd., S. 102.
¹⁰³ Zit. ebd., S. 102.
¹⁰⁴ Acta Italica, Bd. 6: Firenze, Bologna-Milano 1967, S. 55.
¹⁰⁵ Zit. Hefele, 1912, S. 40.
¹⁰⁶ Hunt, Morton M., Der siebte Himmel. Eine Naturgeschichte der Liebe, Berlin 1963, S. 110; Vanggaard, Thorkil, Phallos. Symbol und Kult in Europa, München 1971, S. 135; vgl. Deschner, Karlheinz, Das Kreuz mit der Kriche. Eine Sexualgeschichte des Christentums, Düsseldorf ²1974, S. 312 ff.
¹⁰⁷ Masters, Robert E. L., Die teuflische Wollust. Sex und Satanismus, München 1968, S. 114.
¹⁰⁸ Schnitzer, 1924, Bd. I, S. 242.
¹⁰⁹ Ebd., S. 234 ff. Das so überschriebene Kapitel ist eine Kompilation aus Savonarolas Predigten. Es bietet eine gute Zusammenfassung seiner Absichten, zumal Schnitzer als katholischer Theologe und versierter Apologet Savonarolas ein kundiger Zeuge ist.
¹¹⁰ Ebd., S. 234.
¹¹¹ Die Kahlgeschorenheit ist das Zeichen der Unterwerfung (heute noch bei Eintritt in die Armee oder Einlieferung ins Gefängnis). Hexen wurden vor Beginn der Folter alle Haupt- und Körperhaare abrasiert. Das Gegenstück zur Tonsur ist der Haarschnitt der Irokesen, die das Haupthaar rasieren, aber den

Wirbel, das Potenzsymbol, lang wachsen lassen. Ähnlich wird beim Skalpieren, das auch in Europa verbreitet war, nicht der ganze Kopf rasiert, sondern der Wirbel abgeschnitten. Schon in der Bibel verlor Simson seine Kraft und mit ihr seine Freiheit, als ihm die Haare geschoren wurden. Die römischen Sklaven erhielten mit ihrer Freilassung das Recht, ihre Haare wachsen zu lassen. Da das eine Weile dauerte, wurde ihnen als Symbol eine Mütze aufgesetzt, der pileus, den in der französischen Revolution dann die Jakobiner als Freiheitssymbol adaptierten, wodurch er den Namen Jakobinermütze erhielt.

[112] Vgl. Deschner (Anm. 106), S. 242 ff.
[113] Schnitzer, 1924, Bd. I, S. 251.
[114] Das war die schärfere Variante, denn es gab zwei Arten der Verbrennung. Bei der häufigeren, der auch Savonarola unterzogen wurde, wurde der Delinquent zuerst erhängt und dann der Leichnam verbrannt. Sollte die Hinrichtung besonders grausam sein, wurde der arme Sünder erst mit brennendem Stroh ordentlich angesengt und dann lebend verbrannt.
[115] Die meisten Sklavinnen waren bei kriegerischen Unternehmungen erbeutete Musliminnen. Vgl. Origo, Iris, The Domestic Enemy. The Eastern Slaves in Tuscany in the Fourteenth and Fifteenth Century, Speculum 30 (1955), S. 312 ff.
[116] Schnitzer, 1924, Bd. I, S. 255.
[117] Ebd., S. 259.
[118] Ebd., S. 259.
[119] Maschke, Erich, Die Unterschichten der mittelalterlichen Städte Deutschlands, in: ders. u. Sydow, Jürgen (Hrsg.), Gesellschaftliche Unterschichten in den südwestdeutschen Städten, Berlin 1967, S. 73.
[120] Ven, Frans van der, Sozialgeschichte der Arbeit, Bd. 2: Hochmittelalter und Neuzeit, München 1972, S. 224.
[121] Vgl. Origo, 1989, S. 49; Hefele, 1912, S. 39 ff.
[122] Hefele, 1912, S. 44.
[123] Alberti, Leon Battista, I libri della famiglia. Das in vier Bücher gegliederte Werk entstand 1433/41 und wurde 1843 erstmals gedruckt; das dritte Buch ist den ökonomischen Aspekten des Familienlebens gewidmet. Deutsche Übersetzung: Über das Hauswesen, Zürich-Stuttgart 1962.
[124] Chledowski, 1919, S. 109.
[125] Alcune lettere, 1858, S. 59.
[126] Landucci, Bd. 1, 1912, S. 175.
[127] Burlamacchi, 1764, S. 113 f.
[128] Zöllner, 2005, S. 132 verneint auch die Frage, ob Werke von Botticelli verbrannt worden sind.
[129] Brion, 1970, S. 127.
[130] Zit. Pastor, 1938, S. 170.
[131] Dazu Rafetseder, Hermann, Bücherverbrennungen, Die öffentliche Hinrichtung von Schriften im historischen Wandel, Wien 1988
[132] Origo, 1989, S. 101.
[133] Infessura, Stefano, Römisches Tagebuch, Jena 1913, S. 23.

[134] Chiappini, Luciano, Un bruciamento delle vanità a Ferrara nel 1474, Atti e memorie della Deputazione provinciale Ferrarese di storia patria, N.S. vol. 2, 1952, par. 3, S. 55 ff.
[135] Brion, 1948, S. 147.
[136] Hefele, 1912, S. 48.
[137] Bredekamp, 1977, S. 56. Bredekamps Aufsatz ist der einzige mir bekannte Versuch, die Verbrennungen von einer linken Position aus positiv zu interpretieren. Ich teile diese Position nicht, gleichwohl enthält der Aufsatz eine Reihe wichtiger Hinweise (allerdings auch eine Reihe von sachlichen Fehlern).
[138] Burlamacchi, 1764, S. 115.
[139] Burlamacchi, 1764, S. 115.
[140] Landucci, Bd. 1, 1912, S. 220 f.
[141] Hefele, 1912, S. 48.
[142] Schnitzer, 1924, Bd. I, S. 201.
[143] Hsia, Ronnie Po-chia, Triest 1475. Geschichte eines Ritualmordprozesses, Frankfurt/M. 1997.
[144] Zaunmüller, Karl-Heinz, Nikolaus von Cues und Juden, Phil. Diss. Trier 2001, S. 127 Anm. 56.
[145] Hefele, 1912, S. 49. Die Kennzeichnung der Juden war zuerst vom vierten Laterankonzil 1215 beschlossen worden.
[146] Zit. Ibertis, 1948, S. 469.
[147] Savonarola, Girolamo, Prediche sopra Ruth e Michea II, 1962 (= Edizione nazionale), S. 322.
[148] Sammlung Preußischer Kulturbesitz. Kupferstichkabinett, Min. 6208.
[149] Ciardini, 1970, S. 89.
[150] Ebd., S. 99.
[151] Horkheimer, 1970, S. 137.
[152] Aries, Philippe, Geschichte der Kindheit, Frankfurt/M. ³1976, S. 509.
[153] Ebd., S. 562.
[154] Gnerghi, 1901, S. 351.
[155] Burlamacchi, 1764, S. 110 f. Landucci schätzt die Zahl der prozessierenden Kinder auf 5 000.
[156] Landucci, Bd. 1, 1912, S. 177.
[157] Landucci, Bd. 1, 1912, S. 177.
[158] Ebd., S. 178.
[159] Schnitzer, 1924, Bd. I, S. 279.
[160] Ebd., S. 280.
[161] Gnerghi, 1901, S. 362.
[162] Burlamacchi, 1764, S. 34.
[163] Zit. Schnitzer, 1924, Bd. I, S. 244.
[164] Zit. Schnitzer, 1924, Bd. I, S. 244.
[165] Burckhardt, Jacob, Die Kultur der Renaissance in Italien (1860), Stuttgart 1930 (= Gesamtausgabe, Bd. 5), S. 346.
[166] Pastor, 1938, S. 172.

167 Ebd., S. 173.
168 v. Bode, Wilhelm, Sandro Botticelli, Berlin ²1922, S. 186.
169 Elias, Norbert, Über den Prozess der Zivilisation, Frankfurt/Main ⁴1977, S. 189.
170 Brenner, Ines/Morgenthal, Gisela, Sinnlicher Widerstand während der Ketzer- und Hexenverfolgungen, in: Becker, Gabriele u. a., Aus der Zeit der Verzweiflung. Zur Genese und Aktualität des Hexenbildes, Frankfurt/M. 1977, S. 237. Vgl. allgemein Wolf, Hans-Jürgen, Hexenwahn und Exorzismus, Kriftel/Ts. 1979
171 Fuchs, Eduard, Geschichte der erotischen Kunst, München 1912, S. 173.
172 Michel, Karl Markus, Schön sinnlich. Über den Teufel und Seinesgleichen, das Fummeln, Schnüffeln und andere Kitzel, in: Sinnlichkeiten (= Kursbuch 49), Frankfurt/M. 1977, S. 14.
173 Horkheimer, 1970, S. 108 f.
174 Bloch, Ernst, Naturrecht und menschliche Würde, Frankfurt/M. 1972, S. 195.
175 Romano/Tenenti, 1967, S. 136.
176 Ebd., S. 197.
177 Savonarola, Girolamo, Prediche sopra Aggeo, 1965 (= Edizione nazionale), S. 474.
178 Rubinstein, 1960, S. 152.
179 Supplementum Ficianum, hrsg. von Kristeller, Paul O., Bd. 2, Florenz 1937, S.77.
180 Ebd., S.77 f.
181 Schnitzer, 1924, Bd. I, S. 269.
182 Pastor, 1938, S. 186.
183 Text bei Meier, 1836, S. 356.
184 Ebd., S. 357.
185 Ebd., S. 372.
186 Landucci, Bd. 1, 1912, S. 202 f.
187 Del Lungo, 1863, S. 17 f.
188 Text bei Meier, 1836, S. 377 ff.
189 Nuovi documenti, 1876, S. 6.
190 Text bei Meier, 1836, S. 379 f.
191 Nuovi documenti, 1876, S. 26.
192 Ebd.
193 Ebd., S. 28.
194 Weinstein, 1970, S. 294.
195 Ibertis, 1948, S. 345.
196 Savonarola, Girolamo, Trattato ..., in: G. S., Prediche sopra Aggeo, 1965 (= Edizione nazionale), S. 435.
197 Ebd., S. 436.
198 Ebd., S. 447.
199 Ebd., S. 469.
200 Ebd., S. 477.

201 Ebd., S. 480.
202 Ebd., S. 469.
203 Weinstein, 1970, S. 310.
204 Sattler, 1976, S. 124.
205 Villari, Bd. 2,1868, LXVII.
206 Nuovi documenti, 1866, S. 8.
207 Meier, 1836, S. 381.
208 Meier, 1836, S. 381.
209 Landucci, Bd. 1, 1912, S 224.
210 Zit. Villari, 1896, S. 631 f. Diese *Pratica* vom 14. März wird bei Lupi nicht wiedergegeben.
211 Zit. ebd., S. 645.
212 Zit. Landucci, Bd. 1, 1912, S. 227, Anm. 1.
213 Nuovi documenti, 1866, S. 63.
214 Landucci, Bd. 1, 1912, S. 229.
215 Ebd., S. 230.
216 Schnitzer, 1904
217 Landucci, Bd. 1, 1912, S. 231 f.
218 Ranke, 1919, S. 93.
219 Text bei Nuovi documenti, 1866, S. 65 ff.
220 Landucci, Bd. 1, 1912, S. 234 f. Die Formulierung »mit seiner Hand geschrieben« bezieht sich wohl darauf, dass Savonarola das Protokoll unterzeichnet haben soll, allerdings mit einem Zusatz, der den Inhalt als verfälscht bezeichnete (und deshalb natürlich nicht verlesen wurde). Zu diesem Sachverhalt gibt es unterschiedliche Versionen.
221 Ebd., S. 237.
222 Nuovi Documenti, 1876, S. 75.
223 Landucci, Bd. 1, 1912, S. 239.
224 Zit. Joseph Schnitzer, Einleitung zu Savonarola, 1928, S. XLII, Anm. 2.
225 Landucci, Bd. 1, 1912, S. 240 f. Das Todesurteil der *Otto di Guardia* ist wiedergegeben bei Villari, 1868, CCLXXXVI; es enthält nichts über die Gründe.
226 Guicciardini, 1968, S. 159.
227 Gramsci, Antonio, Note sul Machiavelli sulla politica e sullo stato moderno, Rom 1975, S. 48.
228 Prezzolini, Giuseppe, Vita di Niccolò Machiavelli fiorentino, Mailand (1927) 1969, S. 67.
229 Russo, Luigi, Machiavelli, Rom⁴1966, S. 183.
230 Welliver, Warman, La demagogia del Savonarola, in der Zeitschrift »Il Ponte« (12, 1956).
231 Die Wichtigsten werden referiert von Joseph Schnitzer, Die Flugschriften-Literatur für und wider Girolamo Savonarola, in: Festgabe Karl Theodor v. Heigel, München 1903, S. 196 ff. Weiteres bei Ridolfi, 1952, II S. 40 ff.
232 Landucci, Bd. 2, 1913, S. 102.
233 Pastor, 1938, S. 193.

[234] Ebd., S. 198.
[235] Ebd., S. 198.
[236] Berengo, Marino, Nobili e mercanti nella Lucca del Cinquecento, Turin 1974, S. 372.
[237] Burlamacchi, 1764, vor S. 1.
[238] Cantimori, Delio, Eretici italiani del Cinquecento, Firenze 1939, S. 4.
[239] Ebd., S. 11.
[240] [Luther, Martin], Dr. Martin Luthers sämmtliche Schriften, Bd. 12, Berlin 1883, S. 248.
[241] Biermann, Berlin 1901, S. 83.
[242] Die erwecklichen Schriften des Märtyrers Hieronymus Savonarola, zur Belebung christlichen und kirchlichen Sinnes übertragen von Georg Rapp, Pfarrer von Oberurbach, Stuttgart 1839.
[243] Ebd., S. VIII.
[244] Luotto, 1998.
[245] Schnitzer, Joseph, Savonarola im Lichte der neuesten Literatur, Historisch-politische Blätter für das katholische Deutschland 121 (1898), S. 465 ff u.ö.
[246] Pastor, 1898.
[247] Ebd., S. 3.
[248] Schnitzer, Joseph, Savonarola, NA italien. 1931, zit. Weinstein, 1970, S. 9.
[249] Ders., Vorwort zu Savonarola, 1928, S. II.
[250] Zit. »Der Spiegel« vom 8.8. 1977, S. 111.
[251] Villari, 1868, S. 148 f.
[252] Ebd., S. 168 ff.
[253] A GIROLAMO SAVONAROLA DOPO TRECENTOTTANTAQUATTRO ANNI L'ITALIA REDENTA XXV GIUGNO 1882.
[254] Die meisten dieser Dichtungen findet man in der Bibliografie von Ferrara, die den zweiten Band des zitierten Werkes ausmacht und 1958 auch separat veröffentlicht worden ist.
[255] Dazu Lukács, Georg, Die Zerstörung der Vernunft, Darmstadt 1974 (= Werke, Bd.9), S. 580 ff.
[256] Mann, Thomas, Fiorenza. Drei Akte, Frankfurt/M. 1959, S. 109. Vgl. Manns eigenen Kommentar in den »Betrachtungen eines Unpolitischen« ($^{11\text{-}14}$1919, S. 57 ff.) und Heller, Erich, Thomas Mann. Der ironische Deutsche, Frankfurt/M. 1975, S. 85 ff.

www.ingramcontent.com/pod-product-compliance
Lightning Source LLC
Chambersburg PA
CBHW020233170426
43201CB00007B/415